はじめよう
楽々
中国語

小林和代・韓軍 著

白水社

―― 音声ダウンロード ――

  付属 CD と同じ内容を、白水社ホームページ（http://www.hakusuisha.co.jp/download/）からダウンロードすることができます。（お問い合わせ先：text@hakusuisha.co.jp）

装丁・イラスト　山本州・吉澤衣代（raregraph）

はじめに

　このテキストは中国語をはじめて学習する人のために編んだものです。週1コマ・1年間（計30コマ）で余裕をもって終えることを想定しています。

発音編（第1～2課）
　音声を確認しながら、ピンインをなぞり書きして発音の基礎を学習できるようになっています。また、最後に「発音のまとめ」と「確認テスト」を用意しました。

本編（第3～12課）
　基本的な表現を無理なく学習できるよう、語彙やポイントは最小限にしぼってあります。

|関連語句|　各課の初めには本文と関連する語句を、イラストとともに提示しました。その課で学ぶ表現の置き換え練習などに利用できます。

|新出語句|　会話文に使われる初出の語句を提示しました。ピンイン、簡体字、日本語の意味を書き込む形式になっています。会話文の理解に役立ててください。

|会話1・会話2|　基本的な表現を無理なくマスターできるよう、2つの場面を設定し、会話文を用意しました。10字程度の文による簡潔なやりとりになっています。

|ポイント|　会話文の理解に必要な文法・表現のポイントを挙げ、それぞれ用例を提示しました。

|中国語で答えましょう|　ポイントを踏まえ、その場で簡単な応答練習ができるようになっています。ポイントを確認しながら、中国語で発話することを楽しみましょう。

|ドリル|　その課で学んだ内容をまとめて確認できるよう、練習問題を用意しました。

　本編では、2課ごとに「文法のまとめ」と「確認テスト」を設けています。ポイントの整理や振りかえり、理解度や到達度のチェックに利用してください。

　このテキストによって、学習者の皆さんが、楽々と、楽しく中国語の基礎を身につけられることを願っています。

2017年10月

著　者

目　次

学習をはじめる前に …………………… 6

第1课	1 単母音　　2 声調　　3 子音　　4 軽声	7
第2课	1 複合母音　　2 鼻母音	11
	発音のまとめ・確認テスト　第1-2课	15
第3课	会話3-1　何月何日？ 会話3-2　何時？	1　数 2　月日・曜日 3　数を尋ねる"几" 4　時刻 5　時間	17
第4课	会話4-1　お名前は？ 会話4-2　どちらの大学？	1　人称代名詞 2　"姓"と"叫" 3　"是"の文 4　"的"	21
	文法のまとめ・確認テスト　第3-4课	25
第5课	会話5-1　だれ？　なに？ 会話5-2　これは～です	1　動詞の文 2　疑問詞"谁""什么" 3　"这"と"那" 4　"吗"の疑問文	27
第6课	会話6-1　いる 会話6-2　ある	1　"有"と"没有" 2　ものの数え方 3　省略疑問文 4　反復疑問文	31
	文法のまとめ・確認テスト　第5-6课	35

第7课	会話7-1 どこにいる？ 会話7-2 AそれともB？	1 "在"の文 2 指示代名詞（場所） 3 選択疑問文 4 指示代名詞（モノ・コト）		37
第8课	会話8-1 どれくらいかかる？ 会話8-2 ～するのが好きです	1 形容詞の文 2 前置詞"离"と"从～到…" 3 動詞"喜欢" 4 連動文		41
文法のまとめ・確認テスト　第7-8課				45
第9课	会話9-1 いくら？ 会話9-2 AはBよりも～です	1 手段・方法の尋ね方 2 値段の尋ね方 3 比較文 4 比較文の否定		47
第10课	会話10-1 ～したい 会話10-2 どこで？	1 動詞のうしろの"了" 2 助動詞"想" 3 文末の"了" 4 前置詞"在"		51
文法のまとめ・確認テスト　第9-10課				55
第11课	会話11-1 ～できる？ 会話11-2 ～していい？	1 助動詞"会" 2 助動詞"能" 3 助動詞"可以" 4 前置詞"给"		57
第12课	会話12-1 ～している 会話12-2 ～したことがある	1 進行形 2 禁止の言い方 3 経験を表す"过" 4 "是～的"構文		61
文法のまとめ・確認テスト　第11-12課				65

語句リスト ……………………… 67

学習をはじめる前に

■ 中国とは？

  正式名称：　中華人民共和国
  面　　積：　約960万平方キロメートル（日本の約26倍）
  人　　口：　約13億7600万人
  首　　都：　北京
  民　　族：　漢民族および55の少数民族

■ 中国語とは？

　中国の人口の9割以上を占める漢民族のことばで、「漢語（"汉语"）」と呼ばれます。中国の国土は広大なため、地域による方言の差が大きく、同じ漢語であってもコミュニケーションをとるのが難しいこともあります。
　このテキストで学ぶのは「普通話（"普通话"）」と呼ばれる中国の共通語です。北京の発音や語彙を標準としており、中国全土で使うことができます。また、台湾、香港、マカオ、シンガポールなどでもコミュニケーション言語として使われ、国連公用語にもなっています。

■ 中国語の文字とは？

　普通話で使用する漢字は、「簡体字」と呼ばれる簡略化された字体です。日本の常用漢字とは形が異なるものが多いので気をつけてください。もともとの画数が多い漢字は「繁体字」と呼ばれ、台湾、香港などで使用されています。

■ 中国語の発音はどうやって表す？

　漢字の発音は、「ピンイン」と呼ばれるローマ字を使って表します。パソコンでの文字入力や辞書検索のとき、日本語では「かな」を使いますが、中国語ではピンインを使用することになります。

Dì yī kè
第1课

1 単母音 🎧02

a	o	e	i (yi)	u (wu)	ü (yu)	er

＊（ ）内は子音を伴わないときのつづり。

2 声調 🎧03

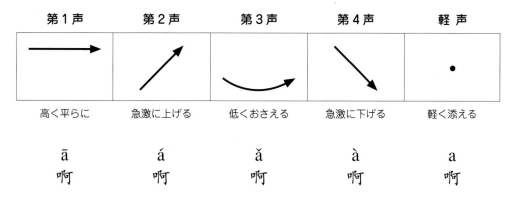

第1声	第2声	第3声	第4声	軽声
高く平らに	急激に上げる	低くおさえる	急激に下げる	軽く添える
ā 啊	á 啊	ǎ 啊	à 啊	a 啊

✏️ 発音を確認しながら、ピンインを書いてみましょう。 🎧04

7

3 子音

	無気音	有気音		
	b (o)	p (o)	m (o)	f (o)
	d (e)	t (e)	n (e)	l (e)
	g (e)	k (e)	h (e)	
	j (i)	q (i)	x (i)	
そり舌音	zh (i)	ch (i)	sh (i)	r (i)
	z (i)	c (i)	s (i)	

【無気音】
子音の口の構え・舌の位置からすぐ母音を発音する。

【有気音】
子音の口の構え・舌の位置から息の音を出し、そのあとに母音を発音する。

【そり舌音】
舌先をそって発音する。

✎ 発音を確認しながら、ピンインを書いてみましょう。

	無気音	有気音		
	bǐ 笔 (ペン)	pí 皮 (皮)	mā 妈 (お母さん)	fà 发 (髪の毛)
	dà 大 (大きい)	tā 他 (彼)	nà 那 (あれ、それ)	là 辣 (からい)
	gē 歌 (歌)	kē 科 (科)	hē 喝 (飲む)	
	jī 鸡 (にわとり)	qī 七 (7)	xī 西 (西)	
そり舌音	zhǐ 纸 (紙)	chī 吃 (食べる)	shí 十 (10)	rì 日 (日)
	zì 字 (字)	cì 次 (〜回)	sì 四 (4)	

* 声調符号は a, o, e, i, u, ü の上に付ける。

* i は頭の・の代わりに声調符号を付ける。
ī í ǐ ì

発音を確認しながら、ピンインを書いてみましょう。　　　🎧 07

nǔ
努
(思い切りする)

nǚ
女
(女性の)

lù
路
(道)

lǜ
绿
(緑色の)

jù
剧
(劇)

qù
去
(行く)

xù
续
(続く)

> j / q / x ＋ ü / üe / üan / ün
> → ü の ¨ は省略する。ただし読むときは ü の音のまま。

4　軽声　　　🎧 08

第1声＋軽声	第2声＋軽声	第3声＋軽声	第4声＋軽声

mā ma
妈妈

yé ye
爷爷

nǎi nai
奶奶

bà ba
爸爸

gē ge
哥哥

bó bo
伯伯

jiě jie
姐姐

mèi mei
妹妹

dì di
弟弟

中国語で言ってみましょう

Dì èr kè
第 2 课

1 複合母音 🎧10

ai	ei	ao	ou	
ia (ya)	ie (ye)	ua (wa)	uo (wo)	üe (yue)
iao (yao)	iou (you)	uai (wai)	uei (wei)	

✎ 発音を確認しながら、ピンインを書いてみましょう。 🎧11

ài 爱 (愛する)	ēi 欸 (おい、やあ)	Àodàlìyà 澳大利亚 (オーストラリア)	Ōuzhōu 欧洲 (ヨーロッパ)	固有名詞のピンインは、最初の1字を大文字で書く。
yá 牙 (歯)	yě 也 (〜も)	wà 袜 (くつした)	wǒ 我 (私)	yuè 月 (月)
yào 要 (ほしい、要る)	yǒu 有 (ある、いる)	wài 外 (そと)	wèi 喂 (もしもし)	

🎧12

lái 来 (来る)	hēi 黑 (黒い)	gāo 高 (高い)	gǒu 狗 (イヌ)	
xià 下 (下)	xiě 写 (書く)	huā 花 (花)	zuò 坐 (座る)	xué 学 (学ぶ)
xiǎo 小 (小さい)	jiǔ 九 (9)	kuài 快 (速い)	guì 贵 (高価だ)	

> 声調符号を付ける位置には優先順位がある。iu と ui はうしろの音に声調符号を付ける。
> a → e/o → i/u/ü

> 子音 + iou → 子音 + iu ([o]は消える)　　j + iou → jiǔ（九）
> 子音 + uei → 子音 + ui ([e]は消える)　　g + uei → guì（贵）

中国語で言ってみましょう

Nǐ hǎo!
你好！

Nǐ hǎo!
你好！

［第3声＋第3声］は［第2声＋第3声］に変化する。ただしピンイン表記はそのまま。"你好 nǐ hǎo"の実際の発音は ní hǎo となる。

Xièxie.
谢谢。

Bú xiè.
不谢。

"不"のうしろに第4声が続くとき、"不"は第2声に変化する。
bù xiè　bú xiè
不 ＋ 谢 → 不谢

Duìbuqǐ.
对不起。

Méi guānxi.
没 关系。

Méi shìr ba?
没 事儿 吧？

Méi shìr.
没 事儿。

Yào nǎge?
要 哪个？

Yào nàge.
要 那个。

| shì | shìr | xiǎohái | xiǎoháir | wán | wánr |
| 事 → 事儿 | | 小孩 → 小孩儿 | | 玩 → 玩儿 | |

2 鼻母音

🎧 15

	-n		-ng		
	an	en	ang	eng	ong
i	ian (yan)	in (yin)	iang (yang)	ing (ying)	iong (yong)
u	uan (wan)	uen (wen)	uang (wang)	ueng (weng)	
ü	üan (yuan)	ün (yun)			

-n は「案内（アンナイ）」の「ン」

-ng は「案外（アンガイ）」の「ン」

✏️ それぞれのピンインを読んでみましょう。 🎧 16

pàng　shòu
胖　　瘦

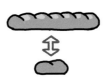
cháng　duǎn
长　　　短

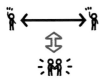
yuǎn　jìn
远　　近

zǎo　wǎn
早　　晚

kàn diànyǐng
看　电影

tīng yīnyuè
听　音乐

xué Hànyǔ
学　汉语

yǎng chǒngwù
养　宠物

中国語で言ってみましょう

🎧17

Nǐ kàn!
你看!

Ō! Zhēn hǎokàn!
噢!真 好看!

Bù hǎo le!
不好了!

Zěnme le?
怎么了?

Qǐng zuò!
请 坐!

Qǐng hē chá.
请 喝 茶。

Mànzǒu.
慢走。

Zàijiàn.
再见。

発音のまとめ　第1-2課

| 無気音 | b / d / g / j / zh / z | 息の音が出ないように発音する |

| 有気音 | p / t / k / q / ch / c | 息の音を出してから発音する |

| そり舌音 | zh / ch / sh / r | 舌先をそり上げて摩擦音を出す |

| 声調変化 | 第3声 ＋ 第3声　→　**第2声** ＋ 第3声

　　　　　　　nǐ　hǎo　　　　　ní　hǎo
　　　　　　　你　好　　　　　　你　好　　　＊ピンイン表記はnǐのまま

　　　　　"不" ＋ 第4声　→　"不"**第2声** ＋ 第4声
　　　　　　　bù　xiè　　　　　bú　xiè
　　　　　　　不　谢　　　　　　不　谢

| "儿"化 | shìr　　　　xiǎoháir　　　　wánr
　　　　　事儿　　　　小孩儿　　　　　玩儿
　　　＊末尾にrが付き、舌先をそって発音する。rの前のnや複合母音のiは読まない。

| 声調符号の付け方 |
1) 母音の上に付ける。　　　　　　　　　　a ＞ e / o ＞ i / u / ü
2) iu, uiはうしろの母音に付ける。　　　　jiǔ（九）　　　guì（貴）
3) iは頭の・を取ってから付ける。　　　　yī（一）　　　duìbuqǐ（対不起）

| 注意すべきピンインのつづり |
1) 子音を伴わない場合、i / u / ü は yi / wu / yu とつづる。
2) 子音 j / q / x のうしろにüが来る場合、üの頭の‥は書かない。ただし発音はüのまま。
　　　　　j ＋ ü / üe / üan / ün　→　ju / jue / juan / jun　　　jū（居）
　　　　　q ＋ ü / üe / üan / ün　→　qu / que / quan / qun　　qù（去）
　　　　　x ＋ ü / üe / üan / ün　→　xu / xue / xuan / xun　　xǔ（許）
3) 子音を伴う場合、iou / uei / uen は iu / ui / un とつづる。
　　　　　qiū（秋）　　　huī（輝）　　　kùn（困）
4) 固有名詞の最初の1字は大文字で書く。
　　　　　Ōuzhōu（欧洲）　　　Lín Xiǎojūn（林暁君）

確認テスト　第1-2課

[1] それぞれのピンインに声調符号を付け、読みなさい。　🎧18

　　　　xue　　　　　　jiu　　　　　　　gui
　　　　学　　　　　　九　　　　　　　贵

　　　ni hao　　　　　xiexie　　　　　mei guanxi
　　　你好　　　　　　谢谢　　　　　　没 关系

[2] 音声を聞き、ピンイン表記と一致するものを選びなさい。　🎧19

1)　① chī　　　② qī　　　③ jī　　　④ zhī

2)　① zì　　　② sì　　　③ shì　　　④ xì

3)　① yuán　　② yǎng　　③ yùn　　④ yǎn

[3] 音声を聞き、日本語に合う適切なものを選びなさい。　🎧20

1) 大丈夫ですか？

　　　①　　　　②　　　　③　　　　④

2) どれがほしいですか？

　　　①　　　　②　　　　③　　　　④

3) どうぞおかけください。

　　　①　　　　②　　　　③　　　　④

Dì sān kè
第3课

✏️ ピンインをなぞり書きしながら、発音してみましょう。 🎧21

yī	èr	sān	sì	wǔ	liù	qī	bā	jiǔ	shí
一	二	三	四	五	六	七	八	九	十

shíyī	shí'èr	shísān		èrshí	èrshiyī		sānshí		jiǔshijiǔ
十一	十二	十三	……	二十	二十一	……	三十	……	九十九

yìbǎi	yìqiān	yíwàn	líng	líng
一百	一千	一万	零	〇

✏️ 左を見ながら簡体字とピンインを書き、巻末の語句リストで意味を調べましょう。 🎧22

	簡体字	ピンイン	意味
jīntiān 今天			
xīngqī 星期			
xiànzài 现在			
xiǎoshí 小时			
jǐ 几			
liǎng 两			2、ふたつ
yuè 月			
hào 号			
diǎn 点			
ge 个			～個、～人〔物や人などを数える〕

会話 3-1　　何月何日？ 🎧23

A：<ruby>今天<rt>Jīntiān</rt></ruby> <ruby>几<rt>jǐ</rt></ruby> <ruby>月<rt>yuè</rt></ruby> <ruby>几<rt>jǐ</rt></ruby> <ruby>号<rt>hào</rt></ruby>？

B：<ruby>今天<rt>Jīntiān</rt></ruby> <ruby>五<rt>wǔ</rt></ruby> <ruby>月<rt>yuè</rt></ruby> <ruby>二十七<rt>èrshiqī</rt></ruby> <ruby>号<rt>hào</rt></ruby>。

A：<ruby>星期<rt>Xīngqī</rt></ruby> <ruby>几<rt>jǐ</rt></ruby>？

B：<ruby>星期一<rt>Xīngqīyī</rt></ruby>。

ポイント

1　数

<ruby>学籍<rt>xuéjí</rt></ruby> <ruby>号码<rt>hàomǎ</rt></ruby> <ruby>0<rt>líng</rt></ruby> <ruby>0<rt>líng</rt></ruby> <ruby>5<rt>wǔ</rt></ruby> <ruby>2<rt>èr</rt></ruby> <ruby>4<rt>sì</rt></ruby> <ruby>3<rt>sān</rt></ruby> <ruby>7<rt>qī</rt></ruby>

> 番号や西暦などは、数字をつぶ読みにする。

<ruby>二<rt>èr</rt></ruby> <ruby>〇<rt>líng</rt></ruby> <ruby>二<rt>èr</rt></ruby> <ruby>〇<rt>líng</rt></ruby> <ruby>年<rt>nián</rt></ruby>

2　月日・曜日

<ruby>一<rt>yī</rt></ruby> <ruby>月<rt>yuè</rt></ruby> <ruby>一<rt>yī</rt></ruby> <ruby>号<rt>hào</rt></ruby>　　<ruby>九<rt>jiǔ</rt></ruby> <ruby>月<rt>yuè</rt></ruby> <ruby>九<rt>jiǔ</rt></ruby> <ruby>号<rt>hào</rt></ruby>

> 序数を表す"一"は常に第1声。
> <ruby>一<rt>yī</rt></ruby> <ruby>月<rt>yuè</rt></ruby>　<ruby>一<rt>yī</rt></ruby> <ruby>号<rt>hào</rt></ruby>　<ruby>第一<rt>dì yī</rt></ruby>

<ruby>星期一<rt>xīngqīyī</rt></ruby>　<ruby>星期二<rt>xīngqī'èr</rt></ruby>　<ruby>星期三<rt>xīngqīsān</rt></ruby>　<ruby>星期四<rt>xīngqīsì</rt></ruby>　<ruby>星期五<rt>xīngqīwǔ</rt></ruby>　<ruby>星期六<rt>xīngqīliù</rt></ruby>　<ruby>星期天<rt>xīngqītiān</rt></ruby>

> うしろに a, o, e が続く場合、音の区切りを表す隔音符号「'」を入れる。
> <ruby>十二<rt>shí'èr</rt></ruby>　　<ruby>星期二<rt>xīngqī'èr</rt></ruby>　　<ruby>西安<rt>Xī'ān</rt></ruby>

3　数を尋ねる"几"

<ruby>明天<rt>Míngtiān</rt></ruby> <ruby>几<rt>jǐ</rt></ruby> <ruby>月<rt>yuè</rt></ruby> <ruby>几<rt>jǐ</rt></ruby> <ruby>号<rt>hào</rt></ruby> <ruby>星期<rt>xīngqī</rt></ruby> <ruby>几<rt>jǐ</rt></ruby>？

| <ruby>明天<rt>míngtiān</rt></ruby> | <ruby>今天<rt>jīntiān</rt></ruby> | <ruby>昨天<rt>zuótiān</rt></ruby> |

<ruby>明年<rt>Míngnián</rt></ruby> <ruby>春节<rt>chūnjié</rt></ruby> <ruby>几<rt>jǐ</rt></ruby> <ruby>月<rt>yuè</rt></ruby> <ruby>几<rt>jǐ</rt></ruby> <ruby>号<rt>hào</rt></ruby>？

| <ruby>明年<rt>míngnián</rt></ruby> | <ruby>今年<rt>jīnnián</rt></ruby> | <ruby>去年<rt>qùnián</rt></ruby> |

春节：旧暦の正月

✎ 空欄に数を書き入れ、読んでみましょう。

<ruby>明天<rt>Míngtiān</rt></ruby> ＿＿ <ruby>月<rt>yuè</rt></ruby> ＿＿ <ruby>号<rt>hào</rt></ruby> <ruby>星期<rt>xīngqī</rt></ruby> ＿＿。

会話 3-2　何時？

A：Xiànzài jǐ diǎn?
　现在 几 点？

B：Xiànzài Liǎng diǎn.
　现在 两 点。

A：Jǐ ge xiǎoshí?
　几 个 小时？

B：Yí ge xiǎoshí.
　一 个 小时。

ポイント

4　時刻

| 両 = 数量を数えるときの「2」 |
| 二 = 順序を数えるときの「2」 |

yī diǎn　èrshí fēn　　liǎng diǎn bàn　　sì diǎn yí kè　　bā diǎn sān kè
一 点　二十 分　　两 点 半　　四 点 一 刻　　八 点 三 刻

| zǎoshang | shàngwǔ | zhōngwǔ | xiàwǔ | wǎnshang |
| 早上 | 上午 | 中午 | 下午 | 晚上 |

5　時間

yí ge bàn xiǎoshí　　liǎng ge xiǎoshí
一 个 半 小时　　两 个 小时

shí fēnzhōng　　èrshiwǔ fēnzhōng
十 分钟　　二十五 分钟

* うしろに第1声、第2声、第3声が続くとき、"一" は第4声に変化する。
* うしろに第4声が続くとき、"一" は第2声に変化する。

中国語で答えましょう

1)　Jǐ diǎn?
　几 点？

ⓐ　　　　　　ⓑ　　　　　　ⓒ

2)　Jǐ ge xiǎoshí?
　几 个 小时？

ⓐ 7時間　　ⓑ 2時間　　ⓒ 3時間半

ドリル3

1 イラストを見て、何月何日かを中国語で答えましょう。 🎧26

Jǐ yuè jǐ hào?
几 月 几 号?

1) Qíngrénjié
情人节

2) Wànshèngjié
万圣节

3) Shèngdànjié
圣诞节

2 それぞれ何時にするか、中国語で答えましょう。

Jǐ diǎn?
几 点?

1) 起きる

2) 学校へ行く

3) 帰宅する

3 それぞれ何時間するか、中国語で答えましょう。

Jǐ ge xiǎoshí?
几 个 小时?

1) スマホを使う

2) 勉強する

3) 寝る

4 あなたの学籍番号にピンインを付けて書き、読んでみましょう。

Dì sì kè
第4课

✏️ 姓によく使われる漢字を発音してみましょう。　🎧 27

Lǐ	Wáng	Zhāng	Liú	Chén
李 (李)	王 (王)	张 (張)	刘 (劉)	陈 (陳)

shān	chuān	tián	yě	běn	téng	cūn	jǐng
山	川	田	野	本	藤	村	井

✏️ 左を見ながら簡体字とピンインを書き、巻末の語句リストで意味を調べましょう。　🎧 28

	簡体字	ピンイン	意 味
qǐngwèn 请问			お尋ねします
nín guìxìng？ 您 贵姓？			お名前は？〔姓を尋ねる〕
duōdà？ 多大？			いくつ？〔年齢を尋ねる〕
míngzi 名字			
dàxué 大学			
xuésheng 学生			
wǒ 我			
nǐ 你			
shénme 什么			
nǎge 哪个			どの、どちらの
xìng 姓			
jiào 叫			
shì 是			～は…だ
suì 岁			
de 的			～の

会話 4-1　　お名前は？

29

林： Qǐngwèn, nín guìxìng?
　　请问，您 贵姓？

山田： Wǒ xìng Shāntián.
　　我 姓 山田。

　　Nǐ jiào shénme míngzi?
　　你 叫 什么 名字？

林： Wǒ jiào Lín Xiǎojūn.
　　我 叫 林 晓君。

ポイント

1　人称代名詞

wǒ	nǐ	nín	tā	tā
我	你	您	他	她

wǒmen	nǐmen	tāmen	tāmen
我们	你们	他们	她们

2　"姓"と"叫"

Wǒ xìng Shāntián.
我 姓 山田。

Wǒ jiào Lín Xiǎojūn.
我 叫 林 晓君。

> 姓や名前のピンインは、最初の1字を大文字にする。

中国語で答えましょう

🎧30

1) Nín guìxìng?　　　　　　Wǒ xìng
　 您 贵姓？　　——　我 姓 ☐。

2) Nǐ jiào shénme míngzi?　　Wǒ jiào
　 你 叫 什么 名字？　——　我 叫 ☐。

✏ 簡体字の形に気をつけて練習しましょう。

请　请　　　　贵　贵　　　　们　们

会話 4-2　　どちらの大学？

林：　Nǐ shì nǎge dàxué de xuésheng?
　　你 是 哪个 大学 的 学生？

山田：　Wǒ shì Xīnxīng dàxué de xuésheng.
　　　我 是 新星 大学 的 学生。

林：　Nǐ duōdà?
　　你 多大？

山田：　Wǒ shíjiǔ suì.
　　　我 十九 岁。

ポイント

3 "是"の文

Wǒ shì xuésheng.
我 是 学生。

Wǒ bú shì lǎoshī.
我 不 是 老师。

Tā yě shì dàxuéshēng.
她 也 是 大学生。

不：～ない　老师：先生
也：～も　　大学生：大学生

4 "的"

Nǎge dàxué de xuésheng?
哪个 大学 的 学生？

wǒ de shēngrì
我 的 生日

生日：誕生日

中国語で答えましょう

3) Nǐ shì nǎge dàxué de xuésheng?
　你 是 哪个 大学 的 学生？

　── Wǒ shì ＿＿＿ dàxué de xuésheng.
　　　我 是 ＿＿＿ 大学 的 学生。

4) Nǐ duōdà?
　你 多大？

　── Wǒ ＿＿＿ suì.
　　　我 ＿＿＿ 岁。

ドリル 4

1 山田さんの自己紹介を完成させましょう。 🎧 33

Shāntián Zhēn
山田　真

Xīnxīng dàxué　　jīngjì xì
新星　大学　　经济　系

yī niánjí
一　年级

经济系：経済学部
年级：～年生

Nǐmen hǎo!
你们　好！

Wǒ jiào
我　叫 ＿＿＿＿＿＿　＿＿＿＿＿＿。

Wǒ shì　　　　　dàxué　　　　　xì　　niánjí de xuésheng.
我　是 ＿＿＿＿＿ 大学 ＿＿＿＿＿ 系 ＿＿ 年级 的 学生。

Wǒmen yìqǐ xuéxí Hànyǔ ba!
我们　一起　学习　汉语　吧！

一起～吧：一緒に～しましょう
学习汉语：中国語を勉強する

2 **1** にならって、中国語で自己紹介をしましょう。大学や学部の名称はスマートフォンを使って調べてみてください。

Nǐmen hǎo!
你们　好！

Wǒ jiào
我　叫 ＿＿＿＿＿＿　＿＿＿＿＿＿。

Wǒ shì　　　　　dàxué　　　　　xì　　niánjí de xuésheng.
我　是 ＿＿＿＿＿ 大学 ＿＿＿＿＿ 系 ＿＿ 年级 的 学生。

Wǒmen yìqǐ xuéxí Hànyǔ ba!
我们　一起　学习　汉语　吧！

| jīngjì xì | fǎlǜ xì | wénxué xì | lìshǐ xì | gōngxué xì |
| 经济 系 | 法律 系 | 文学 系 | 历史 系 | 工学 系 |

文法のまとめ　第3-4課

1　数の言い方・尋ね方

502　wǔ líng èr　　　　　1949 年　yī jiǔ sì jiǔ nián

＊ 番号や西暦などは数字をつぶ読みにする。

Jǐ yuè jǐ hào?	Xīngqī jǐ?	Jǐ diǎn jǐ fēn?	Jǐ ge xiǎoshí?
几月几号？	星期几？	几点几分？	几个小时？

"一"の声調変化	一 ＋ 第1声 → 一 yì ＋ 第1声	一千 yì qiān
	一 ＋ 第2声 → 一 yì ＋ 第2声	一盒 yì hé
	一 ＋ 第3声 → 一 yì ＋ 第3声	一百 yì bǎi
	一 ＋ 第4声 → 一 yí ＋ 第4声	一万 yí wàn

＊ 序数の "一" は声調変化しない。　　　一月一号 yī yuè yī hào　　　一年級 yī niánjí

2　人称代名詞

	1人称	2人称	3人称	
単数	wǒ 我	nǐ　nín 你（您）	tā 他	tā 她
複数	wǒmen 我们	nǐmen 你们	tāmen 他们	tāmen 她们

3　名前の言い方・尋ね方

Nín guìxìng?　　　　　　　　　　　Wǒ xìng Shāntián.
您 贵姓？　　　　　　　　　　　　我 姓 山田。

Nǐ jiào shénme míngzi?　　　　　　Wǒ jiào Shāntián Zhēn.
你 叫 什么 名字？　　　　　　　　我 叫 山田 真。

4　"是"の文

　　　　Wǒ shì dàxuéshēng.　　　　　　　　Wǒ bú shì lǎoshī.
肯定　我 是 大学生。　　　　　　否定　我 不 是 老师。

5　「～の」

　　　dàxué de xuésheng　　　　　　　jīngjì xì de xuésheng
○○ 大学 的 学生　　　　　　　　経済 系 的 学生

確認テスト　第3-4課

1　次の漢字にピンインを付け、発音しなさい。　🎧34

　　一　　二　　三　　四　　五

　　六　　七　　八　　九　　十

2　音声を聞いて（　）に適切な語句を入れ、日本語に訳しなさい。　🎧35

　　　　Jīntiān　　　　yuè　　　　hào　xīngqī
1）今天（　　）月（　　）号　星期（　　）。

　　　　Xiànzài　　　　diǎn　　　　kè.
2）现在（　　）点（　　）刻。

　　　　Wǒ　shì　　　　　xì　　　　　niánjí　de　xuésheng.
3）我是（　　）系（　　）年级的学生。

3　次の質問に中国語で答えなさい。

　　　　Jīntiān　jǐ　yuè　jǐ　hào？
1）今天几月几号？

　　　　Nǐ　shì　nǎge　dàxué　de　xuésheng？
2）你是哪个大学的学生？

　　　　Nǐ　jīnnián　duōdà？
3）你今年多大？

Dì wǔ kè
第 5 课

🎧 36

qiānbǐ
铅笔

xiàngpí
橡皮

běnzi
本子

diànzǐ cídiǎn
电子 词典

diànnǎo
电脑

✏️ 左を見ながら簡体字とピンインを書き、巻末の語句リストで意味を調べましょう。

	簡体字	ピンイン	意 味
tóngxué 同学			
Hànyǔ 汉语			
shǒujī 手机			
kèběn 课本			
zhè 这			
nà 那			
shéi 谁			
xuéxí 学习			
a 啊			〔感嘆、催促、軽い疑問などを表す〕
ma 吗			～か〔疑問を表す〕

✏️ 簡体字の形に気をつけて練習しましょう。

铅 铅

会話 5-1　　だれ？　なに？

林：　Qǐngwèn, tā shì shéi a?
　　　请问，她 是 谁 啊？

山田：　Tā shì wǒ tóngxué Ānnà.
　　　她 是 我 同学 安娜。

林：　Nǐmen xuéxí shénme?
　　　你们 学习 什么？

山田：　Wǒmen xuéxí Hànyǔ.
　　　我们 学习 汉语。

ポイント

1 動詞の文

　　Wǒmen xuéxí Hànyǔ.　　　　　　Wǒ bú xìng Lín.
　　我们 学习 汉语。　　　　　　我 不 姓 林。

2 疑問詞 "谁" "什么"

　　Tā shì shéi?　　　　　　Nǐmen xuéxí shénme?
　　她 是 谁？　　　　　　你们 学习 什么？

中国語で答えましょう

1) Tā / Tā shì shéi?
　 他／她 是 谁？

人間関係や所属先を言うときには "的" が省略される。

Màikè
ⓐ 麦克

Shāntián Zhēn
ⓑ 山田 真

wǒ péngyou
ⓒ 我 朋友

2) Nǐmen xuéxí shénme?
　 你们 学习 什么？

Hànyǔ
ⓐ 汉语

Yīngyǔ
ⓑ 英语

jīngjì
ⓒ 经济

会話 5-2　　これは〜です 🎧39

	Zhè	shì	shéi	de	shǒujī?
林：	这	是	谁	的	手机？

	Zhè	shì	wǒ	de	shǒujī.
山田：	这	是	我	的	手机。

	Nà	shì	nǐ	de	Hànyǔ	kèběn	ma?
林：	那	是	你	的	汉语	课本	吗？

	Nà	bú	shì	wǒ	de	Hànyǔ	kèběn.
山田：	那	不	是	我	的	汉语	课本。

ポイント

3 "这" と "那"

Zhè	shì	wǒ	de	shǒujī.		Nà	shì	Yīngyǔ	kèběn.
这	是	我	的	手机。		那	是	英语	课本。

4 "吗" の疑問文

Zhè	shì	nǐ	de	Hànyǔ	kèběn	ma?		Nà	shì	nǐ	de	shǒujī	ma?
这	是	你	的	汉语	课本	吗？		那	是	你	的	手机	吗？

中国語で答えましょう　🎧40

	Zhè	shì	shéi	de?		Zhè	shì		de	
3)	这	是	谁	的？	——	这	是	☐	的	☐ 。

ⓐ wǒ qiānbǐ
我 / 铅笔

ⓑ tā diànzǐ cídiǎn
他 / 电子 词典

ⓒ wǒ tóngxué xiàngpí
我 同学 / 橡皮

ⓓ wǒ péngyou běnzi
我 朋友 / 本子

ⓔ lǎoshī diànnǎo
老师 / 电脑

ドリル5

1 音声を聞いてピンインに声調符号を付け、漢字に直してから日本語に訳しましょう。 🎧 41

1) Women xuexi Hanyu.

2) Na bu shi wo de shouji.

3) Zhe shi shenme?

2 イラストを見て、質問に中国語で答えましょう。

1) Shāntián xuéxí shénme?
　山田 学习 什么？

2) Zhè shì shéi de běnzi?
　这 是 谁 的 本子？

3) Nà shì Hànyǔ kèběn ma?
　那 是 汉语 课本 吗？

3 音声を聞いて（ ）に適切な語句を入れ、日本語に訳しましょう。 🎧 42

1) Wǒmen　　　　Yīngyǔ.
　我们（　　　）英语。

2) 　　　　　　　wǒ de diànnǎo.
　（　　）（　　）我 的 电脑。

3) 　　shì nǐmen lǎoshī?
　（　　）是 你们 老师？

Dì liù kè
第6课

🎧 43

zhuōzi
桌子

yǐzi
椅子

yīfu
衣服

diànshì
电视

qìchē
汽车

✏️ 左を見ながら簡体字とピンインを書き、巻末の語句リストで意味を調べましょう。

	簡体字	ピンイン	意 味
dìdi 弟弟			
gēge 哥哥			
jiā 家			
rén 人			
kè 课			
yǒu 有			
méiyǒu 没有			
kǒu 口			～人〔家族の人数を数える〕
jié 节			～コマ〔授業を数える〕
ne 呢			～は？

✏️ 簡体字の形に気をつけて練習しましょう。

视 视

车 车

节 节

会話 6-1　　いる　　🎧 44

|林：| Nǐ yǒu dìdi ma?
你 有 弟弟 吗？|
|山田：| Méiyǒu, wǒ yǒu yí ge gēge.
没有，我 有 一 个 哥哥。|
|林：| Nǐ jiā yǒu jǐ kǒu rén?
你 家 有 几 口 人？|
|山田：| Wǒ jiā yǒu wǔ kǒu rén.
我 家 有 五 口 人。|

ポイント

1 "有" と "没有"

Wǒ yǒu jiějie.　　　　　　Wǒ méiyǒu mèimei.
我 有 姐姐。　　　　　　我 没有 妹妹。

姐姐：姉　　妹妹：妹

2 ものの数え方

jǐ ge rén?　　yí ge rén　　jǐ kǒu rén?　　liǎng kǒu rén
几 个 人？　　一 个 人　　几 口 人？　　两 口 人

jǐ jié kè?　　sān jié kè　　jǐ běn kèběn?　　sì běn kèběn
几 节 课？　　三 节 课　　几 本 课本？　　四 本 课本

本：～冊

中国語で答えましょう　　🎧 45

1) Nǐ yǒu xiōngdì jiěmèi ma?
你 有 兄弟 姐妹 吗？

2) Nǐ jiā yǒu gǒu ma?
你 家 有 狗 吗？

3) Yǒu jǐ ge rén?
有 几 个 人？

4) Yǒu jǐ zhī māo?
有 几 只 猫？

会話 6-2　　ある　　　　　🎧 46

林：　今天 你 有 几 节 课？
　　　Jīntiān nǐ yǒu jǐ jié kè?

山田：我 有 三 节，你 呢？
　　　Wǒ yǒu sān jié, nǐ ne?

林：　两 节。你 有 没 有 汉语 课？
　　　Liǎng jié. Nǐ yǒu méiyǒu Hànyǔ kè?

山田：我 有 一 节 汉语 课。
　　　Wǒ yǒu yì jié Hànyǔ kè.

ポイント

3　省略疑問文

我 有 三 节 课，你 呢？
Wǒ yǒu sān jié kè, nǐ ne?

今天 我们 没有 汉语 课，明天 呢？
Jīntiān wǒmen méiyǒu Hànyǔ kè, míngtiān ne?

4　反復疑問文

你 有 没有 电脑？　　　　　他 是 不 是 你 哥哥？
Nǐ yǒu méiyǒu diànnǎo?　　Tā shì bu shì nǐ gēge?

中国語で答えましょう

🎧 47

5) 有 几 件 衣服？　　　　　6) 有 几 辆 汽车？
　 Yǒu jǐ jiàn yīfu?　　　　　 Yǒu jǐ liàng qìchē?

7) 有 几 张 桌子？　　　　　8) 有 几 把 椅子？
　 Yǒu jǐ zhāng zhuōzi?　　　 Yǒu jǐ bǎ yǐzi?

ドリル 6

1 音声を聞いてピンインに声調符号を付け、漢字に直してから日本語に訳しましょう。 🎧 48

1）Ni jia you ji kou ren ?

2）Women you liang jie Hanyu ke.

3）Tamen shi bu shi tongxue ?

2 次の質問に中国語で答えましょう。

1）Nǐ yǒu méiyǒu gēge ?
　你 有 没有 哥哥 ?

2）Nǐ yǒu diànnǎo ma ?
　你 有 电脑 吗 ?

3）Jīntiān wǒ yǒu sān jié kè, nǐ ne ?
　今天 我 有 三 节 课，你 呢 ?

4）Nǐ yǒu jǐ ge shǒujī ?
　你 有 几 个 手机 ?

3 音声を聞いて（ ）に適切な語句を入れ、日本語に訳しましょう。 🎧 49

1）Nǐ　　　　　　　　　　Hànyǔ kè ?
　你 （　　）（　　　）汉语 课 ?

2）Wǒ yǒu　　　　　　　Yīngyǔ kè.
　我 有 （　　）（　　　）英语 课。

3）Wǒ jiā yǒu wǔ kǒu rén,
　我 家 有 五 口 人，（　　）（　　　）?

4）Tā　　　　　　　　　　nǐmen lǎoshī ?
　他 （　　）（　　　）（　　　）你们 老师 ?

文法のまとめ　第5-6課

1　動詞の文

肯定	Wǒmen xuéxí Hànyǔ. 我们 学习 汉语。	Jīntiān yǒu Hànyǔ kè. 今天 有 汉语 课。
否定	Wǒ bù xuéxí Hànyǔ. 我 不 学习 汉语。	Jīntiān méiyǒu Hànyǔ kè. 今天 没有 汉语 课。
疑問	Tā shì nǐ tóngxué ma? 他 是 你 同学 吗？ Tā shì bu shì nǐ tóngxué? 他 是 不 是 你 同学？	Nǐ yǒu jiějie ma? 你 有 姐姐 吗？ Nǐ yǒuméiyǒu jiějie? 你 有 没有 姐姐？

2　いろいろな疑問文

「～は？」　Wǒ yǒu Hànyǔ kè, nǐ ne?
　　　　　我 有 汉语 课，你 呢？

「誰？」　　Tā shì shéi?
　　　　　她 是 谁？

「何？」　　Nǐ xuéxí shénme?
　　　　　你 学习 什么？

「いくつ？」Nǐ yǒu jǐ jié kè?
　　　　　你 有 几 节 课？

＊尋ねたいところに疑問詞を置く。答えるときは疑問詞の部分に答えを入れる。

3　ものの数え方

数 ＋ 量詞 ＋ モノ

yí ge rén	liǎng běn kèběn	sān liàng qìchē	jǐ jiàn yīfu?
一 个 人	两 本 课本	三 辆 汽车	几 件 衣服？

＊数えるものによって、適切な量詞を使い分ける。

4　ものを指し示す言い方

「これは～」「それは～」　　Zhè shì
　　　　　　　　　　　　　这 是 ……

「あれは～」「それは～」　　Nà shì
　　　　　　　　　　　　　那 是 ……

確認テスト　第5-6課

1　日本語に合うよう（　）に適切な語句を入れなさい。

1) Nǐ yǒu （　　　） dìdi?
   你 有 （　　　） 弟弟?　　　あなたには弟がいますか？

2) Nà shì wǒ （　　　） diànzǐ cídiǎn.
   那 是 我 （　　　） 电子 词典。　　　あれは私の電子辞書です。

3) Wǒmen xuéxí Hànyǔ, nǐ （　　　）?
   我们 学习 汉语，你 （　　　）?　　　私たちは中国語を学んでいますが、あなたは？

2　次の語句を、日本語に合うよう並べ替えなさい。

1) あれは私の携帯電話ではありません。
   shǒujī　bù　de　shì　wǒ　nà
   〔 手机 / 不 / 的 / 是 / 我 / 那 〕

2) 今日私たちは中国語の授業が1コマあります。
   Hànyǔ kè　yǒu　wǒmen　jīntiān　yì jié
   〔 汉语课 / 有 / 我们 / 今天 / 一节 〕

3) 私は弟が1人いますが、あなたは？
   yí ge　wǒ　nǐ　dìdi　ne　yǒu
   〔 一个 / 我 / 你 / 弟弟 / 呢 / 有 〕

3　音声を聞いて質問文を書き取り、イラストを見て答えましょう。　

1) 　2) 　3)

Dì qī kè
第 7 课

yínháng
银行

yóujú
邮局

chēzhàn
车站

biànlìdiàn
便利店

túshūguǎn
图书馆

左を見ながら簡体字とピンインを書き、巻末の語句リストで意味を調べましょう。

	簡体字	ピンイン	意 味
xǐshǒujiān 洗手间			
jiàoshì 教室			
pángbiān 旁边			
shūbāo 书包			
shuāngjiānbēi 双肩背			
shang 上			〜の上
nǎr 哪儿			
nàge 那个			
zài 在			ある、いる
hóng 红			
hēi 黑			
jiù 就			すぐに〔時間〕、すぐそこに〔場所〕
háishi 还是			
nà 那			それでは

会話 7-1　どこにいる？

山田： Qǐngwèn, Lín Xiǎojūn zài nǎr?
　　　请问，林 晓君 在 哪儿？

安娜： Tā zài xǐshǒujiān.
　　　她 在 洗手间。

山田： Nà, xǐshǒujiān zài nǎr?
　　　那，洗手间 在 哪儿？

安娜： Jiù zài jiàoshì pángbiān.
　　　就 在 教室 旁边。

ポイント

1 "在" の文

Tā zài xǐshǒujiān.　　　　　　Xǐshǒujiān zài jiàoshì pángbiān.
他 在 洗手间。　　　　　　洗手间 在 教室 旁边。

Shāntián zài jiàoshì ma?
山田 在 教室 吗？

2 指示代名詞（場所）

zhèr / zhèli　　　　　nàr / nàli　　　　　nǎr / nǎli
这儿 / 这里　　　　　那儿 / 那里　　　　　哪儿 / 哪里

Yóujú zài nàr / nàli.　　　　Chēzhàn zài nǎr / nǎli?
邮局 在 那儿 / 那里。　　　车站 在 哪儿 / 哪里？

中国語で答えましょう

1) ▢ zài nǎr? —— ▢ zài ▢。
　　▢ 在 哪儿？ —— ▢ 在 ▢。

ⓐ Lín Xiǎojūn túshūguǎn
　 林 晓君 ／ 图书馆

ⓑ Shāntián biànlìdiàn
　 山田 ／ 便利店

ⓒ tā yínháng
　 她 ／ 银行

会話 7-2　　ＡそれともＢ？ 🎧54

林：　你 的 书包 在 桌子 上 吗？
　　　Nǐ de shūbāo zài zhuōzi shang ma?

山田：我 的 书包 不 在 桌子 上。
　　　Wǒ de shūbāo bú zài zhuōzi shang.

林：　是 红 的 还是 黑 的？
　　　Shì hóng de háishi hēi de?

山田：是 那个 红 的 双肩背。
　　　Shì nàge hóng de shuāngjiānbēi.

ポイント

3　選択疑問文

那 是 你 的 还是 他 的？　　　他 在 教室 还是 在 图书馆？
Nà shì nǐ de háishi tā de?　　Tā zài jiàoshì háishi zài túshūguǎn?

4　指示代名詞（モノ・コト）

zhège / zhèige　　　nàge / nèige　　　nǎge / něige
这个　　　　　　　那个　　　　　　哪个

Zhège shūbāo shì wǒ de.　　　Nǐ yào nǎge?
这个 书包 是 我 的。　　　　你 要 哪个？

要：ほしい、要る

中国語で答えましょう 🎧55

2)　你 [　　] 还是 [　　] ？── 我 [　　] 。
　　Nǐ　　　　háishi　　　　　　　Wǒ

ⓐ 喝 咖啡／喝 红茶
　　hē kāfēi　hē hóngchá

ⓑ 要 双肩背／要 手提包
　　yào shuāngjiānbēi yào shǒutíbāo

ⓒ 打 羽毛球／打 乒乓球
　　dǎ yǔmáoqiú　dǎ pīngpāngqiú

ドリル7

1 音声を聞いてピンインに声調符号を付け、漢字に直してから日本語に訳しましょう。 🎧56

1) Chezhan zai nar ?

2) Ta bu zai jiaoshi.

3) Ta zai chezhan haishi zai youju ?

2 イラストを見て、質問に中国語で答えましょう。

1) Shāntián zài nǎr ?
   山田 在 哪儿？

2) Nàge diànzǐ cídiǎn shì Shāntián de ma ?
   那个 电子 词典 是 山田 的 吗？

3) Shāntián de shūbāo shì shuāngjiānbēi háishi shǒutíbāo ?
   山田 的 书包 是 双肩背 还是 手提包？

3 音声を聞いて（　）に適切な語句を入れ、日本語に訳しましょう。 🎧57

1) （　　　） zài jiàoshì pángbiān.
   （　　　）在 教室 旁边。

2) Wǒ de kèběn （　　　）（　　　） zhuōzi shang.
   我 的 课本（　　　）（　　　）桌子 上。

3) Nǐ hē kāfēi （　　　） hē hóngchá ?
   你 喝 咖啡（　　　）喝 红茶？

第 8 课
Dì bā kè

58

kàn shū 看书 　　tīng yīnyuè 听音乐 　　huà huàr 画画儿

tī zúqiú 踢足球 　　tán gāngqín 弹钢琴

左を見ながら簡体字とピンインを書き、巻末の語句リストで意味を調べましょう。

	簡体字	ピンイン	意味
duō cháng shíjiān? 多长时间？			
àihào 爱好			
yào 要			
zuò diànchē 坐电车			電車に乗る
xǐhuan 喜欢			
dǎ lánqiú 打篮球			バスケットボールをする
qù 去			
jìn 近			
yuǎn 远			
lí 离			
cóng dào 从～到…			～から…まで
hěn 很			
yǒudiǎnr 有点儿			

会話 8-1　どれくらいかかる？　🎧59

林：
Wǒ jiā lí dàxué hěn jìn, nǐ ne?
我家离大学很近，你呢？

山田：
Wǒ jiā yǒudiǎnr yuǎn.
我家有点儿远。

林：
Cóng nǐ jiā dào dàxué yào duō cháng shíjiān?
从你家到大学要多长时间？

山田：
Zuò diànchē yào yí ge bàn xiǎoshí.
坐电车要一个半小时。

ポイント

1　形容詞の文

Xuéxiào hěn jìn.
学校很近。

Xuéxiào bù yuǎn.
学校不远。

学校：学校

Nǐ jiā yuǎn ma?
你家远吗？

Nǐ jiā yuǎn bu yuǎn?
你家远不远？

2　前置詞 "离" と "从～到…"

Nǐ jiā lí xuéxiào yuǎn ma?
你家离学校远吗？

Wǒ jiā lí xuéxiào yǒudiǎnr yuǎn.
我家离学校有点儿远。

Cóng wǒ jiā dào xuéxiào yào bàn ge xiǎoshí.
从我家到学校要半个小时。

中国語で答えましょう　🎧60

1)
Cóng ☐ dào ☐ yào duō cháng shíjiān? —— ☐ yào ☐。
从 ☐ 到 ☐ 要多长时间？—— ☐ 要 ☐。

ⓐ
nǐ jiā　　chēzhàn
你家 → 车站
qí zìxíngchē
骑自行车
wǔ fēnzhōng
五分钟

ⓑ
chēzhàn　　dàxué
车站 → 大学
zuò diànchē
坐电车
sānshí fēnzhōng
三十分钟

ⓒ
Dōngjīng　　Běijīng
东京 → 北京
zuò fēijī
坐飞机
sì ge xiǎoshí
四个小时

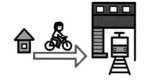
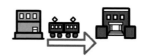

会話 8-2　〜するのが好きです

林：　Nǐ de àihào shì shénme?
　　你 的 爱好 是 什么？

山田：Wǒ de àihào shì dǎ lánqiú, nǐ ne?
　　我 的 爱好 是 打 篮球，你 呢？

林：　Wǒ yě hěn xǐhuan dǎ lánqiú.
　　我 也 很 喜欢 打 篮球。

山田：Nà, xiàwǔ yìqǐ qù dǎ lánqiú ba.
　　那，下午 一起 去 打 篮球 吧。

ポイント

3　動詞 "喜欢"

Wǒ xǐhuan dǎ lánqiú.　　　　Wǒ bù xǐhuan dǎ yǔmáoqiú.
我 喜欢 打 篮球。　　　　　我 不 喜欢 打 羽毛球。

4　連動文　　動詞（＋目的語）＋動詞（＋目的語）　＊動作の発生する順番に並べる。

Wǒmen qù tǐyùguǎn dǎ pīngpāngqiú.　　Wǒ zuò diànchē qù xuéxiào.
我们 去 体育馆 打 乒乓球。　　　　　我 坐 电车 去 学校。

体育馆：体育館

中国語で答えましょう

2)　Nǐ xǐhuan zuò shénme?　　Wǒ xǐhuan
　　你 喜欢 做 什么？　　——　我 喜欢 　。

tī zúqiú
ⓐ 踢 足球

tán gāngqín
ⓑ 弹 钢琴

huà huàr
ⓒ 画 画儿

kàn shū
ⓓ 看 书

tīng yīnyuè
ⓔ 听 音乐

ドリル 8

1 音声を聞いてピンインに声調符号を付け、漢字に直してから日本語に訳しましょう。 🎧63

1) Ni jia li xuexiao yuan ma ?

2) Ta xihuan da lanqiu ma ?

3) Ni de aihao shi shenme ?

2 次の質問に中国語で答えましょう。

1) Shāntián xǐhuan dǎ lánqiú, nǐ ne ?
山田 喜欢 打 篮球，你 呢？

2) Cóng nǐ jiā dào dàxué yuǎn ma ?
从 你 家 到 大学 远 吗？

3) Nǐ xǐhuan zuò shénme ?
你 喜欢 做 什么？

3 音声を聞いて（　）に適切な語句を入れ、日本語に訳しましょう。 🎧64

1) Wǒ jiā　　　　dàxué hěn jìn.
我 家（　　）大学 很 近。

2) Zuò diànchē yào　　　　ge
坐 电车 要（　　）个（　　　　）。

3) Wǒmen yìqǐ　　　　tǐyùguǎn　　　　pīngpāngqiú ba.
我们 一起（　　）体育馆（　　）乒乓球 吧。

✏️ 簡体字の形に気をつけて練習しましょう。

书　书　　　　乐　乐　　　　长　长

文法のまとめ　第7-8課

1 "在"の文　　主語 ＋ "在" ＋ 場所

肯定
Shāntián zài xǐshǒujiān.
山田 **在** 洗手间。

Wǒ de shūbāo zài zhuōzi shang.
我的书包 **在** 桌子上。

否定
Shāntián bú zài jiàoshì.
山田 **不在** 教室。

Wǒ de shūbāo bú zài zhuōzi shang.
我的书包 **不在** 桌子上。

2 指示代名詞

	近称	遠称	疑問
人・モノ	这 zhè 这个 zhège / zhèige	那 nà 那个 nàge / nèige	哪 nǎ 哪个 nǎge / něige
場所	这儿 zhèr 这里 zhèli	那儿 nàr 那里 nàli	哪儿 nǎr 哪里 nǎli

"这""那""哪"は目的語になることはできないが、"这个""那个""哪个"は主語にも目的語にもなる。

3 選択疑問文

Nǐ shì xuésheng háishi lǎoshī?
你是学生 **还是** 老师？

Nǐ hē kāfēi háishi hē hóngchá?
你喝咖啡 **还是** 喝红茶？

4 形容詞の文　　主語 ＋ 形容詞

Xuéxiào hěn jìn.
学校 **很** 近。
＊"是"は用いない。

Xuéxiào jìn, chēzhàn yuǎn.
学校近, 车站远。
＊"很"がなければ比較・対照の意味になる。

Wǒ jiā yǒudiǎnr yuǎn.
我家 **有点儿** 远。
＊["有点儿"＋形容詞]は話し手の好ましくない気持ちを表す。

5 前置詞 "离" と "从"

Wǒ jiā lí xuéxiào hěn jìn.
我家 **离** 学校很近。
＊"离"は時間や場所の離れぐあいを表す。

Cóng wǒ jiā dào xuéxiào yào yí ge xiǎoshí.
从 我家 **到** 学校要一个小时。
＊"从"は時間や場所の起点を表す。

6 「～するのが好きだ」　　主語 ＋ "喜欢" ＋ 動詞 ＋ 目的語

Wǒ xǐhuan dǎ lánqiú.
我 **喜欢** 打篮球。

Wǒ bù xǐhuan tán gāngqín.
我 **不喜欢** 弹钢琴。

7 連動文　　主語 ＋ 動詞1（＋目的語1） ＋ 動詞2（＋目的語2）

Wǒ　zuò diànchē　qù xuéxiào.
我　坐 电车　去 学校。
＊動作の発生する順番に並べる。

確認テスト　第7-8課

1. 日本語に合うよう（　）に適切な語句を入れなさい。

   1) 你 的 爱好 是（　　　）？
      Nǐ de àihào shì
      あなたの趣味は何ですか？

   2) 我 也 很（　　　）打 篮球。
      Wǒ yě hěn dǎ lánqiú.
      私もバスケットボールが好きです。

   3) 我 家（　　　）学校 很 远。
      Wǒ jiā xuéxiào hěn yuǎn.
      私の家は学校から遠いです。

2. 次の語句を、日本語に合うよう並べ替えなさい。

   1) 午後私は図書館に行って本を読みます。
      〔 图书馆 / 我 / 书 / 去 / 下午 / 看 〕
        túshūguǎn wǒ   shū qù xiàwǔ kàn

   2) 私の家は駅から少し遠いです。
      〔 离 / 有点儿 / 我家 / 远 / 车站 〕
        lí yǒudiǎnr wǒ jiā yuǎn chēzhàn

   3) 私の家から大学まで電車で1時間半かかります。
      〔 大学 / 一个半小时 / 到 / 坐电车 / 从 / 要 / 我家 〕
        dàxué yí ge bàn xiǎoshí dào zuò diànchē cóng yào wǒ jiā

3. 音声を聞いて質問文を書き取り、イラストを見て答えましょう。65

1)
2)
3)

Dì jiǔ kè
第9课

sānmíngzhì
三明治

hànbǎobāo
汉堡包

kāfēi
咖啡

guǒzhī
果汁

suānnǎi
酸奶

✏️ 左を見ながら簡体字とピンインを書き、巻末の語句リストで意味を調べましょう。

	簡体字	ピンイン	意 味
duōshao qián? 多少 钱？			
chábēi 茶杯			
Rìyuán 日元			
tiānqì 天气			
yìdiǎnr 一点儿			
fēng 风			
zěnme 怎么			どうやって
zěnmeyàng 怎么样			どうですか
mài 卖			
lěng 冷			
dà 大			
bǐ 比			
tào 套			〜セット〔組になっているものを数える〕

会話 9-1　　いくら？

林： Qǐngwèn, chábēi zěnme mài?
请问，茶杯 怎么 卖？

售货员： Wǔ ge yí tào bābǎi Rìyuán.
五 个 一 套 八百 日元。

林： Zhège shūbāo duōshao qián yí ge?
这个 书包 多少 钱 一 个？

售货员： Liǎngqiān Rìyuán.
两千 日元。

ポイント

1　手段・方法の尋ね方　　"怎么" ＋ 動詞

Zěnme mài?　　　Zěnme zǒu?　　　Zěnme shuō?
怎么 卖？　　　　怎么 走？　　　　怎么 说？

走：行く、歩く　　说：言う、話す

2　値段の尋ね方

Júzi zěnme mài?　　　　Zhège duōshao qián?
橘子 怎么 卖？　　　　这个 多少 钱？

橘子：ミカン

"怎么卖?"は、ばら売りや量り売りのものについて尋ねる言い方。

中国語で答えましょう

1） Duōshao qián?
多少 钱？

ⓐ 面包／一 个　¥180
　miànbāo yí ge

ⓑ 咖啡／一 杯　¥600
　kāfēi yì bēi

ⓒ 酸奶／一 盒　¥120
　suānnǎi yì hé

ⓓ 冰淇淋／一 个　¥340
　bīngqílín yí ge

会話 9-2　　AはBよりも〜です 🎧69

林：　　　Jīntiān tiānqì zěnmeyàng?
　　　　今天　天气　怎么样？

妈妈：　Jīntiān bǐ zuótiān lěng yìdiǎnr.
　　　　今天　比　昨天　冷　一点儿。

林：　　Shì ma? Jīntiān fēng dà ma?
　　　　是吗？今天　风　大　吗？

妈妈：　Jīntiān fēng méiyǒu zuótiān dà.
　　　　今天　风　没有　昨天　大。

ポイント

3　比較文　　"A比B" ＋ 形容詞 （＋数量・程度）

　　Jīntiān bǐ zuótiān lěng yìdiǎnr.　　　Zhège bǐ nàge dà ma?
　　今天　**比**　昨天　冷　一点儿。　　这个　**比**　那个　大　吗？

4　比較文の否定　　"A没有B" ＋ 形容詞

　　Jīntiān fēng méiyǒu zuótiān dà.　　　Zhège shūbāo méiyǒu nàge shūbāo guì.
　　今天　风　**没有**　昨天　大。　　　这个　书包　**没有**　那个　书包　贵。

　　　　　　　　　　　　　　　　　　　　　　　　　　　　　贵：高価である

中国語で答えましょう
🎧70

2)　Nǎge guì?　　　　　　　　　　3)　Nǎge dà?
　　哪个　贵？　　　　　　　　　　　　哪个　大？

　　sānmíngzhì　　hànbǎobāo　　　　　　táozi　　　píngguǒ
　　三明治　　　　汉堡包　　　　　　　　桃子　　　苹果

4)　Nǎge kuài?　　　　　　　　　　5)　Nǎge gāo?
　　哪个　快？　　　　　　　　　　　　哪个　高？

　　fēijī　　　　chuán　　　　　　　　Fùshìshān　　Tàishān
　　飞机　　　　船　　　　　　　　　　富士山　　　泰山

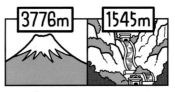

ドリル9

1 音声を聞いてピンインに声調符号を付け、漢字に直してから日本語に訳しましょう。 🎧71

1) Jintian tianqi zenmeyang ?

2) Zhege chabei duoshao qian ?

3) Jintian bi zuotian leng ma ?

2 イラストを見て、質問に中国語で答えましょう。

　　　Qǐngwèn, shuāngjiānbēi duōshao qián yí ge ?
1) 请问， 双肩背 多少 钱 一 个 ？

　　　Shūbāo bǐ qiánbāo guì ma ?
2) 书包 比 钱包 贵 吗 ？

钱包：サイフ

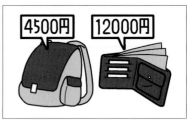

　　　Jīntiān fēng dà bu dà ?
3) 今天 风 大 不 大 ？

3 音声を聞いて（　）に適切な語句を入れ、日本語に訳しましょう。 🎧72

　　Chábēi　　　　　mài ?
1) 茶杯 （　　　　） 卖 ？

　　Jīntiān　　　　　zuótiān lěng.
2) 今天 （　　　　） 昨天 冷。

　　Kāfēi　　　　　guǒzhī guì yìdiǎnr.
3) 咖啡 （　　　　） 果汁 贵 一点儿。

Dì shí kè
第 10 课

🎧 73

chī wǔfàn
吃 午饭

zuò zuòyè
做 作业

xiě bàogào
写 报告

kàn diànyǐng
看 电影

mǎi dōngxi
买 东西

✏️ 左を見ながら簡体字とピンインを書き、巻末の語句リストで意味を調べましょう。

	簡体字	ピンイン	意 味
xiàkè 下课			
dǎgōng 打工			
gǎnmào 感冒			
xiǎng 想			
zài 在			〜で〔場所〕
méi (yǒu) 没（有）			
le 了			①〜した、〜したら ②〜になった

✏️ 簡体字の形に気をつけて練習しましょう。

业 业　　买 买　　东 东

会話 10-1　〜したい　🎧74

林：　Nǐ jīntiān jǐ diǎn xiàkè?
　　你 今天 几 点 下课？

山田：　Wǒ xiàwǔ sì diǎn bàn xiàkè.
　　　我 下午 四 点 半 下课。

林：　Xiàle kè, nǐ xiǎng qù nǎr?
　　下了 课，你 想 去 哪儿？

山田：　Wǒ xiǎng qù túshūguǎn.
　　　我 想 去 图书馆。

ポイント

1　動詞のうしろの"了"　　＊動作の完成・実現を表す。

　Chīle fàn, qù túshūguǎn.　　　　Xiàle kè, yìqǐ qù chī fàn.
　吃了 饭，去 图书馆。　　　　下了 课，一起 去 吃 饭。

　　　　　　　　　　　　　　　　　　　饭：ごはん　　一起：一緒に

2　助動詞"想"

　Wǒ xiǎng qù Běijīng.　　　　Wǒ bù xiǎng hē kāfēi.
　我 想 去 北京。　　　　　我 不 想 喝 咖啡。

中国語で答えましょう

1)　Xiàle kè, nǐ xiǎng qù nǎr?　　Wǒ xiǎng qù　　　　。　🎧75
　　下了 课，你 想 去 哪儿？―― 我 想 去 ＿＿＿。

yínháng
ⓐ 银行

yóujú
ⓑ 邮局

cāochǎng
ⓒ 操场

mǎi dōngxi
ⓓ 买 东西

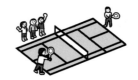
cānjiā shètuán huódòng
ⓔ 参加 社团 活动

会話 10-2　どこで？ 🎧76

林：　Zuótiān nǐ qù dǎgōng le ma?
　　　昨天 你 去 打工 了 吗？

山田：Zuótiān gǎnmào le, méi qù dǎgōng.
　　　昨天 感冒 了，没 去 打工。

林：　Nǐ zài nǎli dǎgōng?
　　　你 在 哪里 打工？

山田：Wǒ zài biànlìdiàn dǎgōng.
　　　我 在 便利店 打工。

ポイント

3　文末の"了"　＊変化・新しい状況の発生を表す。

Tā lái wǒ jiā le.　　　　　Zuótiān tā méi (yǒu) lái.
她 来 我 家 了。　　　　昨天 他 没（有）来。

来：来る

4　前置詞"在"

Wǒ zài Rìběn xuéxí Hànyǔ.　　Wǒ bú zài chāoshì mǎi dōngxi.
我 在 日本 学习 汉语。　　　我 不 在 超市 买 东西。

日本：日本　　超市：スーパーマーケット

中国語で答えましょう
🎧77

2)　Nǐ zài nǎr ▢ ?　——　Wǒ zài ▢ ▢。
　　你 在 哪儿 　　　　　　　我 在

jiàoshì　xiě bàogào
ⓐ 教室／写 报告

Màidāngláo chī wǔfàn
ⓑ 麦当劳／吃 午饭

jiā zuò zuòyè
ⓒ 家／做 作业

diànyǐngyuàn kàn diànyǐng
ⓓ 电影院／看 电影

shāngdiàn mǎi dōngxi
ⓔ 商店／买 东西

ドリル 10

1 音声を聞いてピンインに声調符号を付け、漢字に直してから日本語に訳しましょう。 🎧78

1) Ni ji dian qu tushuguan ?

2) Jintian ni xiang qu nar ?

3) Zuotian ni qu dagong le ma ?

2 次の質問に中国語で答えましょう。

1) Jīntiān nǐ jǐ diǎn xiàkè?
   今天 你 几 点 下课？

2) Nǐ zài nǎli chī wǔfàn?
   你 在 哪里 吃 午饭？

3) Xiàle kè, nǐ xiǎng qù nǎr?
   下了 课，你 想 去 哪儿？

4) Nǐ zài biànlìdiàn mǎi shénme le?
   你 在 便利店 买 什么 了？

3 音声を聞いて（ ）に適切な語句を入れ、日本語に訳しましょう。 🎧79

1) Wǒ xiàwǔ sì diǎn bàn
   我 下午 四 点 半（　　　　）。

2) Xiàle kè, wǒ　　　　qù túshūguǎn.
   下了 课，我（　　　）去 图书馆。

3) Wǒ　　　　　　　biànlìdiàn dǎgōng.
   我（　　）（　　　）便利店 打工。

4) Wǒ　　　　jiā　　　　bàogào.
   我（　　）家（　　　）报告。

✏️ 簡体字の形に気をつけて練習しましょう。

吃　吃　　　　饭　饭　　　　买　买

文法のまとめ　第9-10課

1. **手段・方法の尋ね方「どのように～？」**

   Zěnme mài?　　　　Zěnme zǒu?　　　　Zěnme shuō?
   怎么 卖？　　　　　怎么 走？　　　　　怎么 说？

2. **量の尋ね方「どれくらいの～？」**

   Duōshao qián?　　　Duōshao xuésheng?　　Duōshao dōngxi?
   多少 钱？　　　　　多少 学生？　　　　　多少 东西？

   ＊"多少"はうしろにすぐ名詞を置いてよい（量詞がなくてもよい）。"几"はうしろに必ず量詞を伴い、おもに10以下の数を想定して尋ねるときに使う。

3. **比較文**

   「AはBよりも～」　　　　Jīntiān bǐ zuótiān lěng yìdiǎnr.
   　　　　　　　　　　　　今天 比 昨天 冷 一点儿。

   　　　　　　　　　　　　　＊［形容詞＋"一点儿"］は客観的に「少し」というニュアンス。

   「AはBほど～ではない」　Jīntiān méiyǒu zuótiān lěng.
   　　　　　　　　　　　　今天 没有 昨天 冷。

4. **助動詞"想"「～したい」**

   Wǒ xiǎng dǎ lánqiú.　　　　　　　Wǒ bù xiǎng tī zúqiú.
   我 想 打 篮球。　　　　　　　　　我 不 想 踢 足球。

5. **前置詞"在"「～で」**　　"在" ＋ 場所 ＋ 動詞（～）

   Wǒ zài tǐyùguǎn dǎ yǔmáoqiú.　　Tā bú zài jiàoshì chī wǔfàn.
   我 在 体育馆 打 羽毛球。　　　　 他 不 在 教室 吃 午饭。

6. **"了"の用法**

   |肯定|　Mǎi le.　　　　　Wǒ mǎile yí ge qiánbāo.　　Xiàle kè, qù dǎgōng.
   　　　　买 了。　　　　　我 买了 一个 钱包。　　　　下了 课，去 打工。

   |否定|　Méi (yǒu) mǎi.　　Wǒ méi (yǒu) mǎi chábēi.　　Xiàle kè, méi (yǒu) qù dǎgōng.
   　　　　没（有）买。　　　我 没（有）买 茶杯。　　　　下了 课，没（有）去 打工。

   ＊動詞の直後の"了"は「動作の完成・実現」を表し、文末の"了"は「変化・新しい状況の発生」を表す。

   　　　　Wǒ qù dǎgōng le.　　Fēng dà le.　　Tiānqì bù lěng le.
   　　　　我 去 打工 了。　　　风 大 了。　　　天气 不 冷 了。

確認テスト　第9-10課

① 日本語に合うよう（　）に適切な語句を入れなさい。

1) 昨天 你 在（　　　）打工 了？　　昨日どこでアルバイトをしましたか？
　　Zuótiān nǐ zài　　　　　　dǎgōng le?

2) 我 家（　　　）你 家 远 一点儿。　　私の家はあなたの家より少し遠いです。
　　Wǒ jiā　　　　nǐ jiā yuǎn yìdiǎnr.

3) 从 这儿 到 车站（　　　）走？　　ここから駅までどのように行きますか？
　　Cóng zhèr dào chēzhàn　　　zǒu?

② 次の語句を、日本語に合うよう並べ替えなさい。

1) 昨日の午後私たちは一緒にバスケットボールをしました。
　〔 一起 / 昨天 下午 / 了 / 我们 / 打 篮球 〕
　　yìqǐ　 zuótiān xiàwǔ　 le　 wǒmen　 dǎ lánqiú

2) お尋ねします、この電子辞書はいくらですか？
　〔 这个 / 钱 / 请问 / 词典 / 多少 / 电子 〕
　　zhège　 qián　 qǐngwèn　 cídiǎn　 duōshao　 diànzǐ

3) 今日あなたは買い物に行きたいですか？
　〔 买 东西 / 你 / 吗 / 去 / 今天 / 想 〕
　　mǎi dōngxi　 nǐ　 ma　 qù　 jīntiān　 xiǎng

③ 音声を聞いて質問文を書き取り、イラストを見て答えましょう。　

1)

2)

3)

Dì shíyī kè
第 11 课

qí zìxíngchē
骑 自行车

tiào jiēwǔ
跳 街舞

tán jítā
弹 吉他

bāo jiǎozi
包 饺子

shuō Hànyǔ
说 汉语

✎ 左を見ながら簡体字とピンインを書き、巻末の語句リストで意味を調べましょう。

	簡体字	ピンイン	意味
méi wèntí 没 问题			
nàbiān 那边			
qiézi 茄子			
kāichē 开车			
sòng 送			
zhàoxiàng 照相			
huì 会			（習得して）〜できる
néng 能			（能力・条件が備わっていて）〜できる
kěyǐ 可以			（許可されて）〜できる、〜してよい
hǎo 好			
gěi 给			
zhāng 张			〜台、〜枚〔机や写真などを数える〕

会話 11-1　〜できる？　🎧82

林：
Nǐ huì kāichē ma?
你 会 开车 吗？

山田：
Wǒ huì kāichē.
我 会 开车。

林：
Nà, nǐ néng kāichē sòng wǒ ma?
那，你 能 开车 送 我 吗？

山田：
Wǒ jīntiān gǎnmào le, bù néng kāichē!
我 今天 感冒 了，不 能 开车！

ポイント

1　助動詞 "会"　＊習得していることを表す。

Wǒ huì shuō Hànyǔ.
我 会 说 汉语。

Wǒ bú huì qí zìxíngchē.
我 不 会 骑 自行车。

2　助動詞 "能"　＊条件や都合が合っている、技能的レベルがあることを表す。

Wǒ bù néng kāichē.
我 不 能 开车。

Wǒ néng yóu yìqiān mǐ.
我 能 游 一千 米。

游：泳ぐ　　米：メートル

中国語で答えましょう　🎧83

1) Nǐ huì yóuyǒng ma?
你 会 游泳 吗？

2) Nǐ néng yóu liǎngbǎi mǐ ma?
你 能 游 两百 米 吗？

3) Nǐ huì tán jítā ma?
你 会 弹 吉他 吗？

4) Xīngqītiān, nǐ néng dǎgōng ma?
星期天，你 能 打工 吗？

会話 11-2　〜していい？

林：　Qǐngwèn, zhèr kěyǐ zhàoxiàng ma?
　　　请问，这儿 可以 照相 吗？

馆员：Zhèli bù néng zhàoxiàng, nàbiān kěyǐ.
guǎnyuán 这里 不 能 照相，那边 可以。

林：　Nǐ kěyǐ gěi wǒmen zhào zhāng xiàng ma?
　　　你 可以 给 我们 照 张 相 吗？

馆员：Méi wèntí, hǎo, yī èr sān qiézi!
　　　没 问题， 好， 一 二 三 茄子！

照（一）张相：写真を1枚撮る

ポイント

3　助動詞 "可以"　　＊ 許可されていることを表す。

Zhèr kěyǐ zhàoxiàng.　　　　Túshūguǎn li bù néng chī dōngxi.
这儿 可以 照相。　　　　　图书馆 里 不 能 吃 东西。

〜里：〜の中

4　前置詞 "给"

Wǒ gěi Ānnà bāo jiǎozi.　　　Tā bù gěi wǒ dǎ diànhuà.
我 给 安娜 包 饺子。　　　　她 不 给 我 打 电话。

打电话：電話をかける

中国語で答えましょう

5) qǐng wù zhàoxiàng
　　请 勿 照相

Zhèli kěyǐ zhàoxiàng ma?
这里 可以 照相 吗？

6) qǐng wù chōuyān
　　请 勿 抽烟

Zhèli kěyǐ chōuyān ma?
这里 可以 抽烟 吗？

7) jìnzhǐ shǐyòng shǒujī
　　禁止 使用 手机

Zhèli kěyǐ shǐyòng shǒujī ma?
这里 可以 使用 手机 吗？

8) jìnzhǐ tíngchē
　　禁止 停车

Zhèli kěyǐ tíngchē ma?
这里 可以 停车 吗？

ドリル 11

1 音声を聞いてピンインに声調符号を付け、漢字に直してから日本語に訳しましょう。 🎧86

1) Wo jintian bu neng kaiche.

2) Xianzai keyi da dianhua ma?

3) Wo ye hui shuo Hanyu.

2 イラストを見て、質問に中国語で答えましょう。

   Tā huì yóuyǒng ma?
1) 他 会 游泳 吗?

   Zhèr kěyǐ chī dōngxi ma?
2) 这儿 可以 吃 东西 吗?

   Shéi gěi Shāntián dǎ diànhuà?
3) 谁 给 山田 打 电话?

3 音声を聞いて（ ）に適切な語句を入れ、日本語に訳しましょう。 🎧87

  Wǒ   kāichē, jīntiān   kāichē.
1) 我 (　　　) 开车，今天 (　　　)(　　　) 开车。

  Zhèr   zhàoxiàng, nàr
2) 这儿 (　　　) 照相，那儿 (　　　)(　　　)。

  Jīntiān wǒ   tā tán jítā le.
3) 今天 我 (　　　) 她 弹 吉他 了。

Dì shí'èr kè
第12课

🎧88

shàngkè
上课

kàn diànshì
看 电视

dǎsǎo fángjiān
打扫 房间

zuò cài
做 菜

guàngjiē
逛街

✏️ 左を見ながら簡体字とピンインを書き、巻末の語句リストで意味を調べましょう。

	簡体字	ピンイン	意味
wèi 喂			もしもし
shǔjià 暑假			
zěnme 怎么			なぜ
gàn 干			
zháojí 着急			
chīwán 吃完			
gēn 跟			
zhèng 正			
zài 在			～している
hái 还			
bié 别			
cì 次			～回〔動作を数える〕
guo 过			
ne 呢			〔動作・状態が持続していることを表す〕

会話 12-1　〜している

山田：Wèi, nǐ zài gàn shénme ne?
喂，你在干什么呢？

林：Wǒ zhèng zài chī fàn ne.
我正在吃饭呢。

山田：Nǐ zěnme hái bù lái a?
你怎么还不来啊？

林：Bié zháojí, wǒ chīwán fàn, jiù qù.
别着急，我吃完饭，就去。

ポイント

1 進行形　　"在" ／ "正" ／ "正在" ＋ 動詞（〜）＋ "呢"

Tā zhèng zài dǎ diànhuà ne.
他正在打电话呢。

Tā méi (yǒu) zài kàn diànshì.
他没（有）在看电视。

2 禁止の言い方

Bié zháojí.
别着急。

Bié shuōhuà.
别说话。

说话：話をする

中国語で答えましょう

1) Tā / Tā zài gàn shénme ne?
他／她在干什么呢？

ⓐ shàngkè 上课

ⓑ guàngjiē 逛街

ⓒ dǎsǎo fángjiān 打扫 房间

ⓓ zuò cài 做菜

ⓔ kàn diànshì 看电视

会話 12-2　〜したことがある 🎧91

林：　　Wǒ méi qùguo Běihǎidào, nǐ ne?
　　　我 没 去过 北海道，你 呢？

山田：　Wǒ qùnián shǔjià qùguo yí cì.
　　　我 去年 暑假 去过 一 次。

林：　　Nǐ shì gēn shéi yìqǐ qù de?
　　　你 是 跟 谁 一起 去 的？

山田：　Wǒ shì gēn péngyou yìqǐ qù de.
　　　我 是 跟 朋友 一起 去 的。

ポイント

3　経験を表す"过"　　動詞 ＋ "过"

Wǒ qùguo Běihǎidào.
我 去过 北海道。

Wǒ méi (yǒu) qùguo Zhōngguó.
我 没（有）去过 中国。

中国：中国

4　"是〜的"構文

Wǒ (shì) gēn péngyou yìqǐ qù de.
我（是）跟 朋友 一起 去 的。

Wǒ bú shì yí ge rén qù de.
我 不 是 一 个 人 去 的。

中国語で答えましょう 🎧92

2)　Nǐ qùguo Chōngshéng ma?
　　你 去过 冲绳 吗？

3)　Nǐ qùguo Díshìní lèyuán ma?
　　你 去过 迪士尼 乐园 吗？

4)　Nǐ chīguo Běijīng kǎoyā ma?
　　你 吃过 北京 烤鸭 吗？

5)　Nǐ kànguo jīngjù ma?
　　你 看过 京剧 吗？

ドリル12

1 音声を聞いてピンインに声調符号を付け、漢字に直してから日本語に訳しましょう。 🎧93

1) Wo zheng zai chi fan ne.

2) Ni zenme hai bu lai a?

3) Wo quguo Beihaidao.

2 イラストを見て、質問に中国語で答えましょう。

1) Tā zài gàn shénme ne?
   她 在 干 什么 呢？

2) Tā qùguo Zhōngguó ma?
   他 去过 中国 吗？

3) Tā shì yí ge rén qù de ma?
   她 是 一 个 人 去 的 吗？

3 音声を聞いて（ ）に適切な語句を入れ、日本語に訳しましょう。 🎧94

1) Wǒ　　　　　kāichē, bù néng
   我（　　）开车，不 能（　　）（　　）。

2) Shàngkè le,　　　　shuōhuà.
   上课 了，（　　）说话。

3) Nǐ　　　　zěnme lái
   你（　　）怎么 来（　　）？

文法のまとめ　第11-12課

1　可能を表す助動詞「〜できる」

"会"　習得している

Wǒ huì qí zìxíngchē.
我 会 骑 自行车。

Wǒ huì yóuyǒng.
我 会 游泳。

Wǒ bú huì yóuyǒng.
我 不 会 游泳。
＊カナヅチで泳げない。

"能"　条件・都合が合っている、技能的レベルがある

Xīngqīwǔ wǒ néng qù dǎgōng.
星期五 我 能 去 打工。

Wǒ néng yóu yìqiān mǐ.
我 能 游 一千 米。

Wǒ bù néng yóuyǒng.
我 不 能 游泳。
＊事情により泳げない。

"可以"　許可されている、差し支えない

Zhèr kěyǐ zhàoxiàng.
这儿 可以 照相。

Túshūguǎn li bù néng chī fàn.
图书馆 里 不 能 吃 饭。

2　禁止の言い方「〜するな」

Nǐ bié zháojí.
你 别 着急。

Bié shuōhuà.
别 说话。

3　前置詞 "给"「〜に」

Wǒ gěi nǐ bāo jiǎozi ba.
我 给 你 包 饺子 吧。

Tā bù gěi wǒ tán gāngqín.
他 不 给 我 弹 钢琴。

4　進行形　"在／正／正在" ＋ 動詞（〜）＋ "呢"

Wǒ zài chī fàn ne.
我 在 吃 饭 呢。
＊状態に注目して
「〜している」

Wǒ zhèng chī fàn ne.
我 正 吃 饭 呢。
＊時に注目して
「ちょうど〜している」

Wǒ zhèng zài chī fàn ne.
我 正在 吃 饭 呢。
＊状態・時に注目して
「ちょうど〜しているところ」

Wǒ zhèng zài gēn péngyou chī fàn ne.
我 正 在 跟 朋友 吃 饭 呢。

5　経験を表す "过"　動詞 ＋ "过" ＋ 目的語

Wǒ qùguo Běihǎidào.
我 去过 北海道。

Wǒ méi (yǒu) qùguo Chōngshéng.
我 没 (有) 去过 冲绳。

6　"是〜的" 構文　主語 ＋ "是" ＋ 〈いつ・どこ・誰・どのように〉＋ 動詞 ＋ "的"。

Wǒ (shì) zuótiān qù de.
我 (是) 昨天 去 的。

Wǒ bú shì yí ge rén qù de.
我 不 是 一 个 人 去 的。

確認テスト　第11-12課

1 日本語に合うよう（　）に適切な語句を入れなさい。

1) Nǐ （　　）tán gāngqín ma?
   你（　　）弹 钢琴 吗？　　　あなたはピアノを弾けますか？

2) Nǐmen （　　）gàn shénme（　　）?
   你们（　　）干 什么（　　）？　あなたたちは何をしているんですか？

3) Wǒ （　　）nǐ zuò cài ba.
   我（　　）你 做 菜 吧。　　　あなたに料理を作ってあげましょう。

2 次の語句を、日本語に合うよう並べ替えなさい。

1) 私は2000メートル泳げる。
   〔 liǎngqiān 两千 / yóu 游 / wǒ 我 / mǐ 米 / néng 能 〕

2) あなたたちは沖縄に行ったことがありますか？
   〔 qù 去 / nǐmen 你们 / ma 吗 / Chōngshéng 冲绳 / guo 过 〕

3) 私たちはクラスメートとちょうどバスケットボールをしているところだ。
   〔 zhèng zài 正在 / tóngxué 同学 / wǒmen 我们 / dǎ lánqiú 打 篮球 / ne 呢 / gēn 跟 〕

3 音声を聞いて質問文を書き取り、イラストを見て答えましょう。　95

1)

2)

3)

語句リスト

名 名詞　代 代名詞　動 動詞　助動 助動詞　形 形容詞　前 前置詞
副 副詞　接 接続詞　数 数詞　量 量詞　助 助詞　感 感動詞

＊1～12は初出の課を表す。発音編で使用した語については、本編の初出課も併記した。

A

ā	啊	感	あぁ〔感嘆、軽い驚きなどを表す〕	1
á	啊	感	あぁ〔問いただすような気持ちなどを表す〕	1
ǎ	啊	感	あぁ〔当惑、意外などを表す〕	1
à	啊	感	あぁ〔同意、納得などを表す〕	1
a	啊	助	〔感嘆、催促、軽い疑問などを表す〕	1・5
ài	爱	動	愛する	2
àihào	爱好	名	趣味	8
Àodàlìyà	澳大利亚	名	オーストラリア	2

B

bā	八	数	8	3
bǎ	把	量	～脚〔イスなどを数える〕	6
bàba	爸爸	名	父、お父さん	1
ba	吧	助	①～でしょう？	2
			②～しましょう	4
bǎi	百	数	100	3
bàn	半	数	半、半分	3
bāo	包	動	（ギョーザを）作る、包む	11
bàogào	报告	名	レポート	10
bēi	杯	量	～杯〔カップ、グラスに入ったものを数える〕	9
Běihǎidào	北海道	名	北海道	12
Běijīng	北京	名	北京	8
běn	本	量	～冊〔本などを数える〕	6
běnzi	本子	名	ノート	5
bǐ	比	前	～より、～に比べて	9
bǐ	笔	名	ペン	1
biànlìdiàn	便利店	名	コンビニ	7
bié	别	副	～するな、～してはいけない	12
bīngqílín	冰淇淋	名	アイスクリーム	9
bóbo	伯伯	名	伯父さん	1
bù	不	副	～しない、～でない	2・4
bú xiè	不谢		どういたしまして	2

C

cài	菜	名	料理	12
cānjiā	参加	動	参加する	10
cāochǎng	操场	名	グラウンド、運動場	10
chá	茶	名	お茶	2
chábēi	茶杯	名	湯のみ	9
cháng	长	形	長い	2
chāoshì	超市	名	スーパーマーケット	10
chēzhàn	车站	名	駅	7
chī	吃	動	食べる	1・10
chīwán	吃完	動	食べ終わる	12
Chōngshéng	冲绳	名	沖縄	12
chǒngwù	宠物	名	ペット	2
chōuyān	抽烟	動	タバコを吸う	11
chuán	船	名	船	9
chūnjié	春节	名	春節、旧暦の正月	3
cì	次	量	～回〔動作を数える〕	1・12
cóng	从	前	～から〔場所、時間などの始点を表す〕	8

D

dǎ	打	動	①（球技などを）する	7
			②（電話を）かける	11
dǎgōng	打工	動	アルバイトをする	10
dǎsǎo	打扫	動	掃除する	12
dà	大	形	大きい	1・9
dàxué	大学	名	大学	4
dàxuéshēng	大学生	名	大学生	4
dào	到	前	～まで	8
de	的	助	①～の	4
			②〔文末で肯定の語気を表す〕	1・12
Díshìní lèyuán	迪士尼乐园	名	ディズニーランド	12
dìdi	弟弟	名	弟	1・6
dì	第		第～	3
diǎn	点	量	～時〔時刻〕	3
diànchē	电车	名	電車	8

pinyin	中文	品詞	日本語	課
diànhuà	电话	名	電話	11
diànnǎo	电脑	名	コンピューター、パソコン	5
diànshì	电视	名	テレビ	6
diànyǐng	电影	名	映画	2・10
diànyǐngyuàn	电影院	名	映画館	10
diànzǐ cídiǎn	电子词典	名	電子辞書	5
Dōngjīng	东京	名	東京	8
dōngxi	东西	名	物、品物	10
duǎn	短	形	短い	2
duìbuqǐ	对不起		申し訳ありません	2
duō cháng shíjiān	多长时间		どれくらいの時間？	8
duōdà	多大		いくつ？〔年齢を尋ねる〕	4
duōshao	多少	代	どれくらい？	9
duōshao qián	多少钱		いくら？	9

E

è	饿	形	お腹がすく	1
ēi	欸	感	おい、やあ	2
ěr	耳	名	耳	1
èr	二	数	2〔序数としての2〕	3

F

fǎlǜ	法律	名	法、法律	4
fà	发	名	髪の毛	1
fàn	饭	名	ごはん	10
fángjiān	房间	名	部屋	12
fēijī	飞机	名	飛行機	8
fēn	分	量	〜分	3
fēnzhōng	分钟		〜分間	3
fēng	风	名	風	9
Fùshìshān	富士山	名	富士山	9

G

gǎnmào	感冒	動	風邪をひく	10
gàn	干	動	する	12
gāngqín	钢琴	名	ピアノ	8
gāo	高	形	高い	2・9
gēge	哥哥	名	兄、お兄さん	1・6
gē	歌	名	歌	1
ge	个	量	〜個、〜人〔物や人などを数える〕	3
gěi	给	前	〜に、〜のために	11
gēn	跟	前	〜と	12
gōngxué	工学	名	工学	4
gǒu	狗	名	イヌ	2・6
guǎnyuán	馆员	名	博物館などの職員	11
guàngjiē	逛街	動	街を散策する、ウィンドーショッピングをする	12
guì	贵	形	（値段が）高い、高価だ	2・9
guìxìng	贵姓		お名前は？〔姓を尋ねる〕	4
guǒzhī	果汁	名	ジュース	9
guo	过	助	〜したことがある	12

H

hái	还	副	まだ	12
háishi	还是	副	〜それとも…	7
hànbǎobāo	汉堡包	名	ハンバーガー	9
Hànyǔ	汉语	名	中国語	2・5
hǎo	好	形	①よい ②よし〔同意、了承を表す〕	2 11
hǎokàn	好看	形	かっこいい、きれいだ	2
hào	号	量	〜日	3
hàomǎ	号码	名	番号	3
hē	喝	動	飲む	1・7
hé	盒	量	〜個〔小さなパッケージのものを数える〕	9
hēi	黑	形	黒い	2・7
hěn	很	副	とても	8
hóng	红	形	赤い	7
hóngchá	红茶	名	紅茶	7
huā	花	名	花	2
huà	画	動	（絵を）描く	8
huàr	画儿	名	絵	8
huì	会	助動	（習得して）〜できる	11
huódòng	活动	名	活動	10

J

jī	鸡	名	にわとり	1
jítā	吉他	名	ギター	11
jǐ	几	代	いくつ〔おもに10以下の数を尋ねる〕	3
jiā	家	名	家庭、家	6
jiàn	件	量	〜着〔衣服などを数える〕	6
jiǎozi	饺子	名	ギョーザ	11
jiào	叫	動	（名前を）〜という	4
jiàoshì	教室	名	教室	7
jiēwǔ	街舞	名	ストリートダンス	11
jié	节	量	〜コマ〔授業を数える〕	6
jiějie	姐姐	名	姉、お姉さん	1・6
jīnnián	今年	名	今年	3
jīntiān	今天	名	今日	3
jìn	近	形	近い	2・8
jìnzhǐ	禁止	動	禁止する	11
jīngjì	经济	名	経済	4
jīngjù	京剧	名	京劇	12

jiǔ	九	数 9	2·3
jiù	就	副 すぐに〔時間〕、すぐそこに〔場所〕	7
júzi	橘子	名 ミカン	9
jù	剧	名 劇、演劇	1

K

kāfēi	咖啡	名 コーヒー	7
kāichē	开车	動 車を運転する	11
kàn	看	動 見る、読む	2·8
kǎoyā	烤鸭	名 アヒルの丸焼き	12
kē	科	名 〜科	1
kěyǐ	可以	助動（許可されて）〜できる、〜してよい	11
kè	刻	量 1時間の4分の1、15分〔時間の単位〕	3
kè	课	名 授業	6
kèběn	课本	名 テキスト、教科書	5
kǒu	口	量 〜人〔家族の人数を数える〕	6
kuài	快	形 速い	2·9

L

là	辣	形 からい	1
lái	来	動 来る	2·10
lánqiú	篮球	名 バスケットボール	8
lǎoshī	老师	名 先生	4
le	了	助 ①〜した、〜したら〔動作の完成・実現を表す〕	10
		②〜になった〔変化・新しい状況の発生を表す〕	1·10
lěng	冷	形 寒い	9
lí	离	前 〜から／〜まで〔時間や距離の離れぐあいを表わす〕	8
lìshǐ	历史	名 歴史	4
li	里	名 〜の中	11
liǎng	两	数 2、ふたつ	3
liàng	辆	量 〜台〔車などを数える〕	6
líng	零／〇	数 零、ゼロ	3
liù	六	数 6	3
lù	路	名 道、道路	1
lǜ	绿	形 緑色である	1

M

mā	妈	名 お母さん	1
māma	妈妈	名 母、お母さん	1
ma	吗	助 〜か〔疑問を表す〕	1·5
mǎi	买	動 買う	10
mǎi dōngxi	买东西	買い物をする	10
mài	卖	動 売る	9
Màidāngláo	麦当劳	名 マクドナルド	10
mànzǒu	慢走	お気をつけて	2
māo	猫	名 ネコ	6
méi guānxi	没关系	気にしないで	2
méi shìr	没事儿	何でもない、大丈夫だ	2
méi wèntí	没问题	問題ない	11
méiyǒu	没有	動 ない、いない、持っていない	6
méi(yǒu)	没(有)	副 〜していない、〜しなかった	10
mèimei	妹妹	名 妹	1·6
mǐ	米	量 メートル	11
miànbāo	面包	名 パン	9
míngzi	名字	名 名前	4
míngnián	明年	名 来年	3
míngtiān	明天	名 明日	3

N

nǎ	哪	代 どれ	7
nǎge / něige	哪个	代 どれ、どの、どちらの	2·4
nǎli	哪里	代 どこ	7
nǎr	哪儿	代 どこ	7
nà	那	代 あれ、それ	1·5
		接 それでは	7
nàbiān	那边	代 あちら、そちら	11
nàge / nèige	那个	代 それ、その、あれ、あの	2·7
nàli	那里	代 そこ、あそこ	7
nàr	那儿	代 そこ、あそこ	7
nǎinai	奶奶	名 おばあさん	1
ne	呢	助 ①〜は？	6
		②〔動作・状態が持続していることを表す〕	12
néng	能	助動（能力・条件が備わっていて）〜できる	11
nǐ	你	代 あなた	1·4
nǐ hǎo	你好	こんにちは、はじめまして	2
nǐmen	你们	代 あなたたち	4
nián	年	量 〜年	3
niánjí	年级	名 〜年生	4
nín	您	代 あなた様〔"你"の尊称〕	4
nǔ	努	動 思い切りする、精一杯やる	1
nǚ	女	形 女性の、女の	1

O

| ō | 噢 | 感 おぉ〔感嘆、軽い驚きなどを表す〕 | 1 |

pinyin	漢字	品詞	意味	課
ó	哦	感	おぉ〔問いただすような気持ちなどを表す〕	1
ǒ	哦	感	おぉ〔当惑、意外などを表す〕	1
ò	哦	感	おぉ〔同意、納得などを表す〕	1
Ōuzhōu	欧洲	名	ヨーロッパ	2

P

pinyin	漢字	品詞	意味	課
pángbiān	旁边	名	そば、となり	7
pàng	胖	形	太っている	2
péngyou	朋友	名	友だち	5
pí	皮	名	皮、皮革	1
pīngpāngqiú	乒乓球	名	卓球	7
píngguǒ	苹果	名	リンゴ	9

Q

pinyin	漢字	品詞	意味	課
qī	七	数	7	1·3
qí	骑	動	（自転車などに）乗る	8
qìchē	汽车	名	自動車	6
qiān	千	数	1000	3
qiānbǐ	铅笔	名	エンピツ	5
qiánbāo	钱包	名	サイフ	9
qiézi	茄子	名	ナス〔写真を撮るときの合図に使われる〕	11
Qíngrénjié	情人节	名	バレンタインデー	3
qǐng	请	動	〜してください	2
qǐngwèn	请问		お尋ねします	4
qǐng wù	请勿		〜するなかれ	11
qù	去	動	行く	1·8
qùnián	去年	名	去年	3

R

pinyin	漢字	品詞	意味	課
rén	人	名	人	6
rì	日	名	日、太陽	1
Rìběn	日本	名	日本	10
Rìyuán	日元	名	〜円	9

S

pinyin	漢字	品詞	意味	課
sān	三	数	3	3
sānmíngzhì	三明治	名	サンドイッチ	9
shāngdiàn	商店	名	店、商店	10
shàngkè	上课	動	授業に出る、授業を受ける	12
shàngwǔ	上午	名	午前	3
shang	上	名	〜の上	7
shètuán	社团	名	サークル、同好会	10
shéi	谁	代	誰	5
shénme	什么	代	何	4
shēngrì	生日	名	誕生日	4
Shèngdànjié	圣诞节	名	クリスマス	3
shí	十	数	10	1·3
shǐyòng	使用	動	使う	11
shì	是	動	〜は…だ	1·4
shìr	事儿	名	こと、事情	2
shǒujī	手机	名	携帯電話、スマートフォン	5
shǒutíbāo	手提包	名	手提げカバン	7
shòu	瘦	形	痩せている	2
shòuhuòyuán	售货员	名	店員	9
shū	书	名	本	8
shūbāo	书包	名	カバン	7
shǔjià	暑假	名	夏休み	12
shuāngjiānbēi	双肩背	名	リュックサック	7
shuō	说	動	言う、話す	9
shuōhuà	说话	動	話をする	12
sì	四	数	4	1·3
sòng	送	動	送る	11
suānnǎi	酸奶	名	ヨーグルト	9
suì	岁	量	〜歳	4

T

pinyin	漢字	品詞	意味	課
tā	他	代	彼	1·4
tāmen	他们	代	彼ら	4
tā	她	代	彼女	4
tāmen	她们	代	彼女たち	4
Tàishān	泰山	名	泰山〔中国山東省にある山〕	9
tán	弹	動	弾く	8
táozi	桃子	名	モモ	9
tào	套	量	〜セット〔組になっているものを数える〕	9
tī	踢	動	（サッカーを）する、蹴る	8
tǐyùguǎn	体育馆	名	体育館	8
tiānqì	天气	名	天気、気候	9
tiào	跳	動	ダンスする、踊る	11
tīng	听	動	聴く	2·8
tíngchē	停车	動	駐車する、停車する	11
tóngxué	同学	名	クラスメート	5
túshūguǎn	图书馆	名	図書館	7

W

pinyin	漢字	品詞	意味	課
wà	袜	名	くつした	2
wài	外	名	外	2
wánr	玩儿	動	遊ぶ	2
wǎn	晚	形	（時間が）遅い	2
wǎnshang	晚上	名	夜、晩	3

pinyin	中文	品詞	意味	課
wàn	万	数	10000	3
Wànshèngjié	万圣节	名	ハロウィン	3
wèi	喂	感	もしもし	2・12
wénxué	文学	名	文学	4
wǒ	我	代	私	2・4
wǒmen	我们	代	私たち	4
wǔ	五	数	5	1・3
wǔfàn	午饭	名	昼食	10

X

pinyin	中文	品詞	意味	課
xī	西	名	西	1
Xī'ān	西安	名	西安	3
xǐhuan	喜欢	動	好きだ	8
xǐshǒujiān	洗手间	名	お手洗い	7
xì	系	名	～学部	4
xià	下	名	下、下のほう	2
xiàkè	下课	動	授業が終わる	10
xiàwǔ	下午	名	午後	3
xiànzài	现在	名	今	3
xiǎng	想	助動	～したいと思う	10
xiàngpí	橡皮	名	消しゴム	5
xiǎo	小	形	小さい	2
xiǎoháir	小孩儿	名	子ども	2
xiǎoshí	小时	名	～時間〔時間の量〕	3
xiě	写	動	書く	2・10
xièxie	谢谢		ありがとう	2
xīngqī	星期	名	～曜日	3
xīngqī'èr	星期二	名	火曜日	3
xīngqīliù	星期六	名	土曜日	3
xīngqīsān	星期三	名	水曜日	3
xīngqīsì	星期四	名	木曜日	3
xīngqītiān	星期天	名	日曜日	3
xīngqīwǔ	星期五	名	金曜日	3
xīngqīyī	星期一	名	月曜日	3
xìng	姓	動	（姓を）～という	4
xiōngdì jiěmèi	兄弟姐妹	名	兄弟姉妹	6
xù	续	動	続く、継続する	1
xué	学	動	勉強する	2
xuéjí	学籍	名	学籍	3
xuésheng	学生	名	学生	4
xuéxí	学习	動	勉強する	5
xuéxiào	学校	名	学校	8

Y

pinyin	中文	品詞	意味	課
yá	牙	名	歯	2
yǎng	养	動	飼う	2
yào	要	動	ほしい、要る	2・7
yéye	爷爷	名	おじいさん	1
yě	也	副	～も	2・4
yī	一	数	1	1・3
yìdiǎnr	一点儿		少し〔客観的に言う〕	9
yìqǐ	一起	副	一緒に	4
yīfu	衣服	名	服、衣服	6
yǐzi	椅子	名	イス	6
yīnyuè	音乐	名	音楽	2・8
yínháng	银行	名	銀行	7
Yīngyǔ	英语	名	英語	5
yóu	游	動	泳ぐ	11
yóuyǒng	游泳	動	泳ぐ	11
yóujú	邮局	名	郵便局	7
yǒu	有	動	ある、いる、持っている	2・6
yǒudiǎnr	有点儿	副	少し〔望ましくないことについて言う〕	8
yú	鱼	名	魚	1
yǔmáoqiú	羽毛球	名	バドミントン	7
yuǎn	远	形	遠い	2・8
yuè	月	名	～月	2・3

Z

pinyin	中文	品詞	意味	課
zài	在	動	ある、いる	7
		前	～で〔場所〕	10
		副	～している	12
zàijiàn	再见		さようなら	2
zǎo	早	形	（時間が）早い	2
zǎoshang	早上	名	朝	3
zěnme	怎么	代	①どうやって	2・9
			②なぜ	12
zěnmeyàng	怎么样	代	どうですか	9
zhāng	张	量	～台、～枚〔机や写真などを数える〕	6
zháojí	着急	動	焦る、慌てる	12
zhàoxiàng	照相	動	写真を撮る	11
zhè	这	代	これ、それ	5
zhège / zhèige	这个	代	これ、この、それ、その	7
zhèli	这里	代	ここ、そこ	7
zhèr	这儿	代	ここ、そこ	7
zhēn	真	副	本当に	2
zhèng	正	副	ちょうど～しているところだ	12
zhī	只	量	～匹〔動物を数える〕	6
zhǐ	纸	名	紙	1
Zhōngguó	中国	名	中国	12
zhōngwǔ	中午	名	正午、昼時	3
zhuōzi	桌子	名	机、テーブル	6
zì	字	名	字	1
zìxíngchē	自行车	名	自転車	8

71

zǒu	走	動 歩く、行く	9	zuò	坐	動 座る、（乗り物に）乗る	2・8
zúqiú	足球	名 サッカー	8	zuò	做	動 する、やる、作る	8
zuótiān	昨天	名 昨日	3	zuòyè	作业	名 宿題	10

著者略歴
小林和代（こばやし かずよ）
　　関西大学大学院修士課程修了。外国語教育学専攻。天理大学ほか講師。
韓軍（かん ぐん）
　　黒龍江省出身。大連外国語大学日本語学部卒業。奈良教育大学修士課程修了。
　　南京師範大学講師を経て来日。京都大学ほか講師。

はじめよう楽々中国語（CD付）

　　　　　　　　　　　　　2018年 3月10日　第1刷 発行
　　　　　　　　　　　　　2024年 3月10日　第9刷 発行

　　　　　　　　著　者 ⓒ　　小　林　和　代
　　　　　　　　　　　　　　韓　　　　　軍
　　　　　　　　発行者　　　岩　堀　雅　己
　　　　　　　　印刷所　　　倉敷印刷株式会社

発行所　101-0052東京都千代田区神田小川町3の24
　　　　電話 03-3291-7811（営業部）,7821（編集部）　　株式会社　白水社
　　　　www.hakusuisha.co.jp
　　　　乱丁・落丁本は、送料小社負担にてお取り替えいたします。

振替 00190-5-33228　　　　　　　　　　　　　　　　　誠製本株式会社
　　　　　　　ISBN978-4-560-06938-7
　　　　　　　　Printed in Japan

　　▷本書のスキャン、デジタル化等の無断複製は著作権法上での例外を
　　除き禁じられています。本書を代行業者等の第三者に依頼してスキャ
　　ンやデジタル化することはたとえ個人や家庭内での利用であっても著
　　作権法上認められていません。

中国語のしくみ《新版》
池田 巧 著
B6変型　146頁　定価1650円（本体1500円）

言葉にはそれぞれ大切なしくみがあります．文法用語にたよらない，最後まで読み通せる画期的な入門書．

李先生の中国語ライブ授業
1 入門クラス
2 初級クラス
李 軼倫 著

わかりづらいところを，李先生がしっかり解説．先生と生徒の会話で進むから，すいすい読めます．

　　（2色刷）A5判　入門クラス194頁／初級クラス181頁　定価各1980円（本体1800円）

ニューエクスプレスプラス 中国語
喜多山幸子 著

世界の5人に1人が話すと言われ，日本国内でも需要の高まる中国語．発音から初歩の会話・文法まで，コンパクトにまとめた1冊です．

　　（2色刷）A5判　155頁　定価2200円（本体2000円）【CD付】

ニューエクスプレスプラス 台湾語　村上嘉英 著　A5判　158頁　定価2860円(本体2600円)【CD付】

ニューエクスプレスプラス 上海語　榎本英雄・范暁 著　A5判 162頁　定価3740円(本体3400円)【CD付】

ニューエクスプレスプラス 広東語　飯田真紀 著　A5判　160頁　定価2970円(本体2700円)【CD付】

中国語の入門［最新版］
山下輝彦 著

30年以上にわたり，多くの方に学ばれてきた『中国語の入門』をリニューアル．文法項目をしっかり身につけたい人，一通り学んだあとで頭の整理をしたい人におすすめの1冊．

　　　A5判　243頁　定価2530円（本体2300円）【CD付】

初級から中級へ！
中国語の類義語攻略ドリル
柴森 著

日本語から中国語に訳すとき，どれを使うか迷ってしまう類義語．間違いやすい表現をピックアップし，使い分けをばっちりマスター！

　　　　　　　　　A5判　206頁　定価2420円（本体2200円）

口からはじめる中国語
パズル式作文トレーニング　【CD2枚付】
李 軼倫 著　A5判 148頁　定価2090円(本体1900円)

中国語がなかなか口から出てこない人に！　日本語→中国語の変換力を鍛える1冊．短いフレーズを組み合わせながら表現を増やします．

中国語検定対策3級問題集［三訂版］
伊藤祥雄 編著
A5判 205頁 定価2530円(本体2300円)【CD2枚付】

過去問を掲載し，解答を導くためのポイントを解説．CD2枚付でリスニング対策も万全．模擬試験・単語リスト付．

中国語検定対策4級問題集［三訂版］
【CD付】
伊藤祥雄 編著
（2色刷）A5判 187頁定価1980円(本体1800円)

過去問を分析し，狙われやすいポイントを解説．文法項目ごとに要点を整理，練習問題で実戦力を養う．模擬試験・単語リスト付．

重版にあたり価格が変更になることがありますので，ご了承ください．

中 国 語 音 節 表

母音 子音	a	o	e	-i	-i	er	ai	ei	ao	ou	an	en	ang	eng	ong	i	ia	ie	iao	iou	ian	in	iang	ing	iong	u	ua	uo	uai	uei	uan	uen	uang	ueng	ü	üe	üan	ün
母音のみの表記	a	o	e			er	ai	ei	ao	ou	an	en	ang	eng		yi	ya	ye	yao	you	yan	yin	yang	ying	yong	wu	wa	wo	wai	wei	wan	wen	wang	weng	yu	yue	yuan	yun
b	ba	bo					bai	bei	bao		ban	ben	bang	beng		bi		bie	biao		bian	bin		bing		bu												
p	pa	po					pai	pei	pao	pou	pan	pen	pang	peng		pi		pie	piao		pian	pin		ping		pu												
m	ma	mo	me				mai	mei	mao	mou	man	men	mang	meng		mi		mie	miao	miu	mian	min		ming		mu												
f	fa	fo						fei		fou	fan	fen	fang	feng												fu												
d	da		de				dai	dei	dao	dou	dan	den	dang	deng	dong	di	dia	die	diao	diu	dian			ding		du		duo		dui	duan	dun						
t	ta		te				tai		tao	tou	tan		tang	teng	tong	ti		tie	tiao		tian			ting		tu		tuo		tui	tuan	tun						
n	na		ne				nai	nei	nao	nou	nan	nen	nang	neng	nong	ni		nie	niao	niu	nian	nin	niang	ning		nu		nuo			nuan				nü	nüe		
l	la	lo	le				lai	lei	lao	lou	lan		lang	leng	long	li	lia	lie	liao	liu	lian	lin	liang	ling		lu		luo			luan	lun			lü	lüe		
g	ga		ge				gai	gei	gao	gou	gan	gen	gang	geng	gong											gu	gua	guo	guai	gui	guan	gun	guang					
k	ka		ke				kai	kei	kao	kou	kan	ken	kang	keng	kong											ku	kua	kuo	kuai	kui	kuan	kun	kuang					
h	ha		he				hai	hei	hao	hou	han	hen	hang	heng	hong											hu	hua	huo	huai	hui	huan	hun	huang					
j																ji	jia	jie	jiao	jiu	jian	jin	jiang	jing	jiong										ju	jue	juan	jun
q																qi	qia	qie	qiao	qiu	qian	qin	qiang	qing	qiong										qu	que	quan	qun
x																xi	xia	xie	xiao	xiu	xian	xin	xiang	xing	xiong										xu	xue	xuan	xun
zh	zha		zhe	zhi			zhai	zhei	zhao	zhou	zhan	zhen	zhang	zheng	zhong											zhu	zhua	zhuo	zhuai	zhui	zhuan	zhun	zhuang					
ch	cha		che	chi			chai		chao	chou	chan	chen	chang	cheng	chong											chu	chua	chuo	chuai	chui	chuan	chun	chuang					
sh	sha		she	shi			shai	shei	shao	shou	shan	shen	shang	sheng												shu	shua	shuo	shuai	shui	shuan	shun	shuang					
r			re	ri					rao	rou	ran	ren	rang	reng	rong											ru	rua	ruo		rui	ruan	run						
z	za		ze		zi		zai	zei	zao	zou	zan	zen	zang	zeng	zong											zu		zuo		zui	zuan	zun						
c	ca		ce		ci		cai		cao	cou	can	cen	cang	ceng	cong											cu		cuo		cui	cuan	cun						
s	sa		se		si		sai		sao	sou	san	sen	sang	seng	song											su		suo		sui	suan	sun						

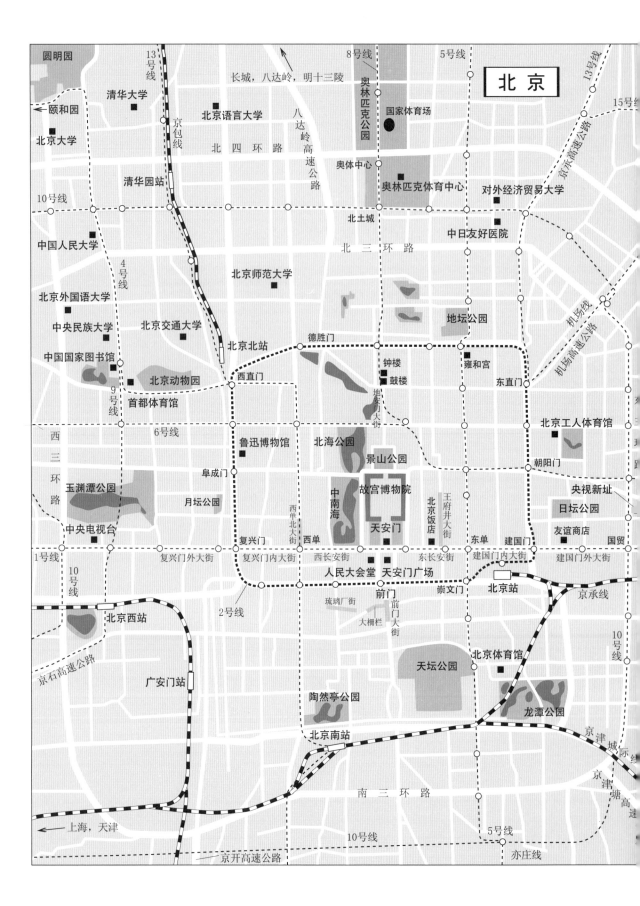

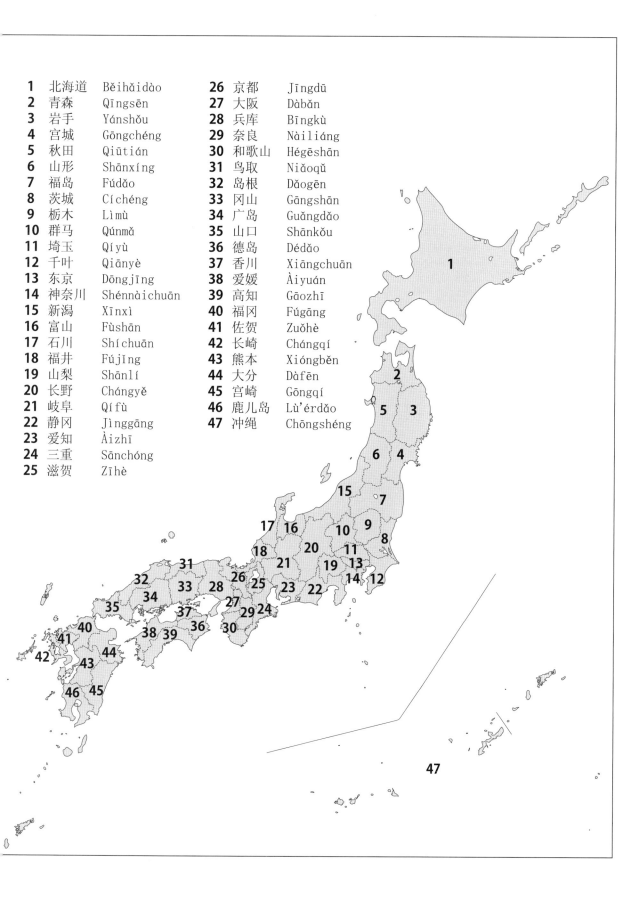